¡Hola! 가장 쉬운 스페인어

¡Hola! 가장 쉬운 스페인어

2020년 6월 19일 초판 1쇄 발행
2024년 5월 1일 초판 3쇄 발행

지 은 이 | 곽은미
일러스트 | 조수빈
펴 낸 이 | 서장혁
기획편집 | 김연중
디 자 인 | 조은영
마 케 팅 | 최은성

펴 낸 곳 | 토마토출판사
주   소 | 서울 마포구 양화로 161 727호
T E L | 1544-5383
홈페이지 | www.tomato4u.com
E - m a i l | support@tomato4u.com
등   록 | 2012. 1. 11.

곽은미 지음

¡Hola! 가장 쉬운 스페인어

For 왕초보

토마토
출판사

들어가는 글

　지난 몇 년 동안 많은 학생들과 스페인어 수업을 통해 인연을 맺었습니다. 학생들마다 원하는 목표와 레벨은 달랐지만, 스페인어 실력 향상에 있어 공통적으로 가장 중요한 점은 기본기에 충실해야 한다는 것입니다. 모든 언어 공부가 그렇듯, 초급 단계의 스페인어 학습자들의 경우 많은 동사변화 때문에 쉽게 지칠 수 있습니다. 특히 직설법 현재형 변화를 탄탄하게 학습해두지 않으면 이후의 레벨에서 과거, 미래, 접속법 시제들을 접할 때 어려움을 겪게 되지요. 그러나 동사변화 연습에만 집중하다 보면 일상 회화에서 쓰이는 기본적인 문장과 대화문을 듣고 읽을 기회가 줄어들어 실력이 향상되지 않을 수도 있습니다.

　이러한 딜레마를 극복하기 위하여 이 책에서는 동사변화형을 직접 손으로 써보며 공부할 수 있는 파트를 문법 설명 중간에 추가해 학습자가 충분히 동사변화를 연습할 수 있도록 구성했습니다. 이와 더불어 어렵게 느끼기 쉬운 문법 내용을 쉽게 이해할 수 있도록 쉬운 문체로 설명하려 노력했고, 중요한 내용들은 손으로 써볼 수 있도록 빈칸으로 두었습니다. 예문은 각 과의 문법 내용을 담을 수 있는 기본적인 것들로 제시한 반면, 대화문은 한 단계 수준 높은 단어나 문장을 활용하여 학습자가 실제 스페인어권 화자와 대화할 때 당혹감을 조금이라도 덜 느끼도록 정리했습니다. 특별히 대화문을 듣고 받아쓴 후, 다음 페이지에서 대화문을 다시 읽고 뜻을 써보도록 이중 구성했기 때문에, 학습자가 각 과마다 충분히 교재를 활용하여 언어활동을 연습할 수 있을 것입니다. 마지막으로 스페인어권의 다양한 대문자, 소문자 문화를 각 과 마지막에 소개하고, 예문이나 대화문에도 문화적 요소를 담아 학습자가 자연스럽게 문화를 학습할 수 있도록 신경 썼습니다.

　학습에 도움이 될 좋은 자료를 제작할 수 있도록 원동력이 되어준 많은 학생들이 없었다면 이 책은 세상에 나오지 못했을 것입니다. '교학상장(教學相長)'이라는 말처럼 학생들과 늘 함께 성장한다는 마음으로 완성했습니다. 모쪼록 스페인어를 처음 공부하는 학습자들에게 유용하게 쓰이길 바랍니다. 이 책이 출판될 수 있도록 기회를 제공해주신 토마토출판사 서장혁 사장님, 출판까지 여러모로 꼼꼼하게 챙겨봐주신 김연중 담당자님께 진심으로 감사드립니다. 흔쾌히 감수를 맡아준 오랜 친구 까를로스, 그리고 언제나 열화와 같은 응원을 아끼지 않는 사랑하는 가족에게도 고마움을 전합니다.

곽은미

목차

스페인어 첫걸음!!

1. Alfabeto / 알파벳

A a [아]	B b [베]	C c [쎄]	D d [데]	E e [에]
árbol [아르볼] 나무	**bolso** [볼소] 가방	**Corea** [꼬레아] 한국	**dinero** [디네로] 돈	**estudiante** [에스뚜디안떼] 학생
F f [에페]	**G g** [헤]	**H h** [아체]	**I i** [이]	**J j** [호따]
flor [플로르] 꽃	**gato** [가또] 고양이	**hora** [오라] 시간	**isla** [이슬라] 섬	**jirafa** [히라파] 기린
K k [까]	**L l** [엘레]	**M m** [에메]	**N n** [에네]	**Ñ ñ** [에녜]
kiwi [끼위] 키위	**libro** [리브로] 책	**mano** [마노] 손	**nariz** [나리스] 코	**España** [에스빠냐] 스페인
O o [오]	**P p** [뻬]	**Q q** [꾸]	**R r** [에레]	**S s** [에세]
oso [오소] 곰	**pan** [빤] 빵	**queso** [께소] 치즈	**rosa** [로사] 장미	**sol** [솔] 태양
T t [떼]	**U u** [우]	**V v** [우베]	**W w** [우베도블레]	**X x** [에끼스]
teléfono [뗄레포노] 전화기	**uva** [우바] 포도	**ventana** [벤따나] 창문	**whisky** [위스키] 위스키	**taxi** [딱시] 택시
Y y [예]	**Z z** [쎄따]			
yogur [요구르] 요거트	**zumo** [쑤모] 주스			

스페인어의 알파벳은 5개의 모음 (a, e, i, o, u)와 22개의 자음으로 이루어져 있습니다. 모음의 a, e, i, o, u 의 발음은 단어의 어느 부분에 들어가더라도 각각 [아], [에], [이], [오], [우]로 소리가 고정되어 있어요.

2. 주의해야 하는 자음의 발음

1) 'c'는 뒤에 모음 a, o, u가 오면 [까], [꼬], [꾸]로 e, i가 오면 [쎄], [씨]로 발음이 달라지며 'ch'가 함께 쓰인 경우에는 한글 음가의 [ㅊ]과 같이 발음합니다.

c		
cantante [깐딴떼] 가수 coche [꼬체] 자동차 cuatro [꾸아뜨로] 4	cebolla [쎄보야] 양파 cielo [씨엘로] 하늘	chicle [치끌레] 껌

2) 'g'는 뒤에 모음 a, o, u가 오면 [가], [고], [구]로 e, i가 오면 [헤], [히]로 발음이 달라집니다. 이때 [헤], [히]의 소리는 목구멍에서부터 공기를 뱉는 듯이 거칠게 발음해주세요.

g	
gamba [감바] 새우 gordo [고르도] 뚱뚱한 Guatemala [과떼말라] 과테말라	gente [헨떼] 사람들 gimnasio [힘나시오] 체육관

3) 'gue'와 'gui'는 각각 [게], [기]로 읽어주고 [구에], [구이]로 읽지 않도록 주의하세요. 모음 u의 위에 trema[뜨레마]가 붙은 'ü' 철자를 사용했을 때만 [구에], [구이]로 발음합니다.

gue	gui	güe	güi
albergue [알베르게] 숙소	guitarra [기따라] 기타	vergüenza [베르구엔사] 부끄러움	pingüino [삥구이노] 펭귄

4) 'que'와 'qui'도 각각 [께], [끼]로 발음하며 [꾸에], [꾸이]로 읽지 않도록 주의하세요.

que	qui
qué [께] 무엇	quizás [끼싸스] 아마도

5) 스페인어에서 'h'는 묵음으로, 뒤에 오는 모음부터 발음합니다.

h
ahora [아오라] 지금, hotel [오뗄] 호텔

6) 'j'는 우리나라 발음의 [ㅎ]처럼 발음하지만 앞서 살펴본 'ge [헤]', 'gi [히]' 발음처럼 목구멍에서부터 공기를 뱉는 듯이 거칠게 발음해주세요.

jardín [하르딘] 정원　　　　**jefe** [헤페] 사장, 보스　　　　**jinete** [히네떼] 기수

joya [호야] 보석　　　　**jugo** [후고] 주스, 즙

7) 'r'는 단어의 중간에 들어가 있거나 맨 끝에 오는 경우에 혀를 굴려주지 않습니다. 그러나 단어의 맨 앞에 오거나 'r'가 두 번 연속되는 경우, 혹은 'n, l, s' 뒤에 'r'가 오는 경우에는 혀를 굴려 가글하듯이 발음해줍니다.

r	rr				
pero [뻬로] 하지만 **comer** [꼬메르] 먹다	**rosa** [로사] 장미	**perro** [뻬로] 개	**sonrisa** [손리사] 미소	**alrededor** [알레데도르] 주변의	**Israel** [이스라엘] 이스라엘

8) 'x'는 단어마다 각각 3가지의 음가 '[ㄱ+ㅅ], [ㅎ], [ㅅ]'로 소리가 다르게 납니다. 단어를 배울 때마다 발음을 함께 외워주세요.

x ([ks], [x], [s])		
taxi [딱시] 택시 **examen** [엑사멘] 시험	**México** [메히꼬] 멕시코 **Texas** [떼하스] 텍사스	**xilófono** [실로포노] 실로폰

3. 음절분해와 강세

1) 음절분해

음절은 발음의 단위로 강세의 위치를 파악하는 데 있어 중요한 역할을 합니다.

ma-pa [마-빠]　　　　**le-che** [레-체]　　　　**ma-dre** [마-드레]　　　　**gran-de** [그란-데]

모음 'a, e, o'는 강모음이고 'i, u'는 약모음입니다. '강+약, 약+강, 약+약'의 조합으로 이중모음을 형성하며, 이때 이중모음은 같은 음절에 포함됩니다.

pia-no [삐아-노]　　　　**eu-ro** [에우-로]　　　　**pau-sa** [빠우-사]　　　　**ciu-dad** [씨우-닷]

2) 강세 규칙

모음이나 자음 '-n, -s'로 끝나는 단어는 뒤에서부터 두 번째 음절의 모음에 강세가 옵니다.

ca-sa [까-사]   **ga-to** [가-또]   **jo-ven** [호-벤]   **mar-tes** [마르-떼스]

'-n, -s'를 제외한 나머지 자음으로 끝나는 단어는 마지막 음절의 모음에 강세가 옵니다.

calidad [깔리닷]   **pastel** [빠스뗄]   **profesor** [쁘로페소르]   **actriz** [악뜨리스]

3) '강모음+약모음'(or 약모음+강모음) 조합의 '이중모음'으로 이루어진 음절에 강세가 올 경우엔 강모음에 강세가 오고, '약모음+약모음' 조합의 이중모음에 강세가 올 경우엔 뒤쪽의 모음에 강세가 옵니다.

au-la [아울라]   **puer-ta** [뿌에르따]   **triun-fo** [뜨리운포]   **rui-na** [루이나]

4. 명사의 성, 수

1) 명사의 성

일반적으로 명사가 -o로 끝나는 경우는 남성, -a로 끝나는 경우에는 여성입니다.

남성	여성
el niño [엘 니뇨] 남자아이	**la niña** [라 니냐] 여자아이
el libro [엘 리브로] 책	**la mesa** [라 메사] 책상
el gato [엘 가또] 숫고양이	**la gata** [라 가따] 암코양이

> **Tip** 명사 앞에 정관사 남성 el, 여성 la를 붙여서 명사를 외우면 더 효과적입니다.

예외)

-o로 끝나지만 여성인 명사 :

la mano [라 마노] 손	**la radio** [라 라디오] 라디오	**la foto** [라 포또] 사진	**la moto** [라 모또] 오토바이

-a로 끝나지만 남성인 명사 :

el problema [엘 쁘로블레마] 문제	**el día** [엘 디아] 날	**el idioma** [엘 이디오마] 언어	**el mapa** [엘 마빠] 지도	**el poema** [엘 뽀에마] 시

2) '-ción, -sión, -dad, -tad'으로 끝나는 명사는 대부분 여성입니다.

la canción [라 깐시온] 노래   **la televisión** [라 뗄레비시온] 텔레비전

la ciudad [라 시우닷] 도시   **la libertad** [라 리베르땃] 자유

3) 기타 명사의 성은 개별적으로 외워주셔야 합니다.

남성	여성
el coche [엘 꼬체] 자동차	**la leche** [라 레체] 우유
el nombre [엘 놈브레] 이름	**la noche** [라 노체] 밤
el hotel [엘 오뗄] 호텔	**la calle** [라 까예] 길
el español [엘 에스빠뇰] 스페인어	**la llave** [라 야베] 열쇠

4) 자연적인 성을 가진 명사

el padre [엘 빠드레] 아버지   **la madre** [라 마드레] 어머니

el hombre [엘 옴브레] 남자   **la mujer** [라 무헤르] 여자

5) 여성 명사 만들기

'-o'로 끝나는 남성 명사는 '-o'대신에 '-a'를 붙여줍니다.

el amigo [엘 아미고] 친구(남) → **la amiga** [라 아미가] 친구(여)

자음으로 끝나는 남성 명사의 끝에 '-a'를 붙여줍니다.

el profesor [엘 쁘로페소르] 선생님(남) → **la profesora** [라 쁘로페소라] 선생님(여)

6) 명사의 남성과 여성의 형태가 같은 경우, 정관사로 성을 구별해줍니다.

el estudiante [엘 에스뚜디안떼] 학생(남) ↔ **la estudiante** [라 에스뚜디안떼] 학생(여)

7) 명사의 남성과 여성의 형태가 다른 경우

남성	여성
el actor [엘 악또르] 배우(남)	**la actriz** [라 악뜨리스] 배우(여)
el rey [엘 레이] 왕	**la reina** [라 레이나] 여왕

8) 명사의 수

-모음	-s 추가	vaso [바소] 컵 → vasos
-자음	-es 추가	flor [플로르] 꽃 → flores
-z	z를 c로 고치고 -es 추가	actriz [악뜨리스] 배우 → actrices
-s	변화 없음	gafas [가파스] 안경 → gafas

5. 관사

1) 정관사

명사 앞에 사용되어 그 명사가 이미 언급된 특정한 것이거나 세상에 하나뿐인 것임을 나타냅니다.

함께 쓰이는 명사의 성과 수에 맞춰 정관사를 붙여줍니다.

	단수	복수
남성	el	los
여성	la	las

한 번 언급되었거나 이미 알고 있는 것을 말할 때

el chico [엘 치꼬] 그 소년

la carta [라 까르따] 그 편지

los alumnos [로스 알룸노스] 그 학생들

las casas [라스 까사스] 그 집들

세상에 하나뿐인 것을 나타낼 때

el sol [엘 솔] 태양

la luna [라 루나] 달

2) 부정관사

명사 앞에 사용되며 처음 언급하는 명사, 셀 수 있는 명사의 어느 하나 혹은 몇몇을 가리킵니다.

함께 쓰이는 명사의 성과 수에 맞춰 부정관사를 붙여줍니다.

	단수	복수
남성	un	unos
여성	una	unas

un libro [운 리브로] 책 한 권

unos estudiantes [우노스 에스뚜디안떼스] 몇몇 학생들

una silla [우나 시야] 의자 하나

unas chicas [우나스 치까스] 몇몇 소녀들

1. 밑줄 친 부분과 발음이 같은 것은?

> La ciudad de Mé<u>x</u>ico es bonita.

① <u>c</u>ena   ② mu<u>ch</u>o   ③ <u>j</u>irafa   ④ <u>g</u>uitarra   ⑤ as<u>c</u>ensor

2. 밑줄 친 부분과 발음이 <u>다른</u> 것은?

> Ramón <u>G</u>ómez es mi padre.

① <u>g</u>ato   ② <u>g</u>uapo   ③ <u>g</u>eneral   ④ <u>g</u>uitarra   ⑤ <u>g</u>uerra

3. 밑줄 친 부분과 발음이 같은 것은?

> La <u>c</u>ara de Enrique es muy pequeña.

① <u>c</u>ena   ② <u>q</u>ueso   ③ <u>c</u>ielo   ④ <u>g</u>ordo   ⑤ <u>g</u>uitarra

4. 밑줄 친 단어와 강세의 위치가 같은 것은?

> Elena está en el <u>hospital</u>.

① hombre   ② lunes   ③ joven   ④ Madrid   ⑤ palacio

5. 밑줄 친 단어와 강세의 위치가 같은 것은?

> Ana es <u>joven</u>.

① edad   ② feliz   ③ real   ④ actor   ⑤ paraguas

6. 명사의 성이 나머지 넷과 다른 것은?

① mano   ② foto   ③ flor   ④ libro   ⑤ noche

7. 명사의 성, 수에 맞게 빈칸에 알맞은 정관사를 넣어보세요.

1) (　　　) mesa   7) (　　　) problema   13) (　　　) televisión

2) (　　　) coche   8) (　　　) leche   14) (　　　) fútbol

3) (　　　) días   9) (　　　) actriz   15) (　　　) profesor

4) (　　　) mano   10) (　　　) ciudad   16) (　　　) árboles

5) (　　　) mujeres 11) (　　　) mapa   17) (　　　) nombre

6) (　　　) amistad 12) (　　　) hombre   18) (　　　) llaves

8. 녹음을 듣고 들려주는 단어를 받아써보세요.

1) ....

2) ....

3) ....

4) ....

Lección

—

01

¡Buenos días!

좋은 아침입니다!

Vocabulario

día
[디아]
m. 날, 일

tarde
[따르데]
f. 오후

noche
[노체]
f. 밤

mañana
[마냐나]
adv. 내일 / f. 아침

gusto
[구스또]
m. 기쁨, 즐거움

luego
[루에고]
adv. 나중에

Expresión y gramática

1. 인사말

스페인어를 따라 써보세요!

¡Hola! [올라]

안녕!/안녕하세요!

¡Buenos días! [부에노스 디아스]

좋은 아침입니다!

¡Buenas tardes! [부에나스 따르데스]

좋은 오후입니다!

¡Buenas noches! [부에나스 노체스]

좋은 밤입니다!

Encantado(-a). [엔깐따도/엔깐따다]

만나서 반갑습니다.

Mucho gusto. [무초 구스또]

만나서 반갑습니다.

¡Adiós! [아디오스]

잘 가!/안녕히 가세요!

¡Hasta luego! [아스따 루에고]

다음에 봐요!

¡Hasta mañana! [아스따 마냐나]

내일 만나요!

- 'bueno(-a)' [부에노(-나)]는 '좋은, 착한'이란 뜻을 가진 형용사로, 뒤에 나오는 명사의 성, 수에 맞게 사용하기 때문에 남성 복수명사인 días 앞에서는 'buenos'로, 여성 복수명사인 tardes와 noches 앞에서는 각각 'buenas'로 활용합니다.

- 'Encantado(-a)' [엔깐따도(-다)]의 경우 말하는 사람이 남성일 경우에는 'Encantado', 여성일 경우에는 'Encantada'로 말합니다.

2. 인칭대명사

	단수		복수	
1인칭	**yo** [요]	나	**nosotros(-as)** [노소뜨로스(-라스)]	우리들
2인칭	**tú** [뚜]	너	**vosotros(-as)** [보소뜨로스(-라스)]	너희들
3인칭	**él/ella/usted** [엘/에야/우스뗏]	너	**ellos/ellas/ustedes** [에요스/에야스/우스떼데스]	그들/그녀들/당신들

- tú [뚜]와 usted [우스뗏], 그리고 vosotros [보소뜨로스]와 ustedes [우스떼데스]의 차이는 낮춤말-높임말이라기보다는, 대상과의 친근감 정도입니다.

- 약자 : usted → Ud. / ustedes → Uds.

3. 안부 묻고 답하기

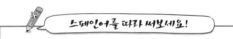

스페인어를 따라 써보세요!

¿Qué tal? [께 딸?]

어떻게 지내?

¿Cómo estás? [꼬모 에스따스?]

너 어떻게 지내?

Muy bien, gracias. ¿Y tú? [무이 비엔, 그라시아스, 이 뚜?]

아주 잘 지내, 고마워. 너는?

- 안부 묻는 질문에 대해 자신의 상태에 따라 답변할 수 있습니다.

Muy bien	**Bien**	**Así así**	**Mal**	**Muy mal**
[무이 비엔]	[비엔]	[아시 아시]	[말]	[무이 말]
매우 잘 지내.	잘 지내.	그럭저럭.	못 지내.	매우 못 지내.

Dictado

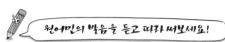

Marga

¡_____, señor Francisco!

좋은 아침입니다, 프란시스코 씨!

Francisco

¡Hola, Marga! ¿_____?

안녕, 마르가! 어떻게 지내?

Marga

Bien, _____. ¿Y usted?

잘 지내요, 감사합니다. 당신은요?

Francisco

_____. ¡Gracias! ¡Ah! Este es mi hijo José.

매우 잘 지내. 고맙구나! 아! 얘는 내 아들 호세란다.

José

_____.

만나서 반갑습니다.

Marga

_____ gusto.

만나서 반가워.

Francisco

Bueno, _____.

그럼, 다음에 보자.

Marga

Venga, ¡ _____ !

그럼 안녕히 가세요!

José

¡Adiós!

안녕히 가세요!

Diálogo

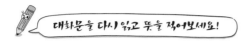
대화문을 다시 읽고 뜻을 적어보세요!

¡Buenos días, señor Francisco!

....

¡Hola, Marga! ¿Qué tal?

....

Bien, gracias. ¿Y usted?

....

Muy bien. ¡Gracias! ¡Ah! Este es mi hijo José.

....

Encantado.

....

Mucho gusto.

....

Bueno, hasta luego.

....

Marga Venga, ¡adiós!

José ¡Adiós!

 단어

este/-a 이, 이것, 이 사람
hijo 아들

venga 스페인 사람들이 많이 쓰는 구어체 표현으로
상황에 따라 ok, take care 등의 의미를 지닙니다.

Lección 01. ¡Buenos días! 23

Hablar

1

| 좋은 아침입니다. | **Buenos días.** [부에노스 디아스] |

| 좋은 오후입니다. | **Buenas** tardes. [부에나스 따르데스] |
| 좋은 밤입니다. | **Buenas** noches. [부에나스 노체스] |

2

| 너 어떻게 지내니? | **¿Cómo estás?** [꼬모 에스따스?] |

| 당신은 어떻게 지내십니까? | **¿Cómo** está usted? [꼬모 에스따 우스뗏?] |

3

| 잘 지내, 고마워. 너는? | **Bien, gracias. ¿Y tú?** [비엔. 그라시아스, 이 뚜?] |

| 매우 잘 지내, 고마워. 너는? | Muy **bien, gracias. ¿Y tú?** [무이 비엔, 그라시아스. 이 뚜?] |
| 그럭저럭, 고마워요. 당신은요? | Así así, **gracias. ¿Y usted?** [아시 아시, 그라시아스. 이 우스뗏?] |

Autorreflexión

1. 주어진 표의 빈칸에 알맞은 인칭대명사를 써보세요.

	단수		복수	
1인칭	①	나	nosotros(-as)	우리들
2인칭	tú	너	③	너희들
3인칭	② / ella / usted	그/그녀/당신	ellos / ellas / ④	그들/그녀들/당신들

2. 밑줄 친 부분의 의미에 맞게 알맞은 스페인어를 써서 대화문을 완성해보세요.

Pedro : ¡Hola! Soy Pedro. Encantado.

Marga : ¡Hola! Soy Marga.

.... (만나서 반가워.)

3. 그림에 알맞은 안부 답하기 표현을 적어보세요.

| ① | Bien | ② | Mal | ③ |

4. 하나의 대화문이 되도록 아래 문장을 순서대로 배열해보세요.

    a. ¡Hola, Lucía! Estoy muy bien, gracias. ¿Y tú?

    b. ¡Hola, Eduardo! Encantado.

    c. Bien, gracias. ¡Ah! Este es mi amigo Eduardo.

    d. ¡Buenas tardes, Enrique! ¿Qué tal?

 정답

---

1. ① yo ② él ③ vosotros(-as) ④ ustedes

2. Encantada. / Mucho gusto.

3. ① Muy bien. ② Así así. ③ Muy mal.

4. d-a-c-b

스페인어권 지명

익숙한 미국의 지명인 '라스베이거스'와 '로스엔젤레스' 모두 스페인어라는 것을 아시나요? 각각의 지명들을 따로 분석해보는 것만으로도 스페인어 명사의 성, 수 일치를 조금 더 쉽게 이해할 수 있습니다. Las Vegas[라스 베가스]와 Los Ángeles[로스 앙헬레스]는 명사의 복수형에 아래와 같이 정관사를 더해 만들어졌습니다.

		복수형		정관사 + 명사
vega 들판 (여성 단수)	→	vegas	→	las vegas
ángel 천사 (남성 단수)	→	ángeles	→	los ángeles

이때 정관사는 영어의 'the'에 해당하는 것으로, 명사 앞에 사용되어 그 명사가 이미 언급된 바 있는 특정한 것, 하나밖에 없는 것임을 나타냅니다. 그런데 왜 정관사의 형태가 다르냐고요? 스페인어의 명사는 각각 남성, 여성, 단수, 복수 형태가 존재하기 때문에 늘 명사와 함께 사용해야 하는 정관사 역시도 명사의 성, 수에 맞춰 4가지 형태가 존재하고 명사에 일치시켜줘야 합니다.

	단수	복수
남성	**el** [엘]	**los** [로스]
여성	**la** [라]	**las** [라스]

Yo soy estudiante.

나는 학생입니다.

Vocabulario

enfermero(-a)
[엔페르메로(-라)]
m.f. 간호사

policía
[뽈리시아]
m.f. 경찰

guía
[기아]
m.f. 가이드

gordo(-a)
[고르도(-다)]
adj. 뚱뚱한

bonito(-a)
[보니또(-따)]
adj. 예쁜

inteligente
[인뗄리헨떼]
adj. 똑똑한

Expresión y gramática

1. ser 동사 : (속성, 성질이) ~ 이다

yo [요]	soy [소이]	nosotros(-as) [노소뜨로스(-라스)]	somos [소모스]
tú [뚜]	eres [에레스]	vosotros(-as) [보소뜨로스(-라스)]	sois [소이스]
él/ella/usted [엘/에야/우스뗏]	es [에스]	ellos/ellas/ustedes [에요스/에야스/우스떼데스]	son [손]

1) ser + 이름

Yo soy Andrea. [요 소이 안드레아]   저는 안드레아입니다.

Él es David. [엘 에스 다빗]   그는 다빗입니다.

¿Eres Miguel? [에레스 미겔?]   네가 미겔이니?

2) ser + 직업

Ella es cantante. [에야 에스 깐딴떼]   그녀는 가수입니다.

Nosotras somos estudiantes. [노소뜨라스 소모스 에스뚜디안떼스]   우리는 학생입니다.

Mis padres son funcionarios. [미스 빠드레스 손 푼씨오나리오스]   나의 부모님은 공무원입니다.

3) ser + 형용사 : 주어의 외모, 성격을 나타냅니다.

El futbolista es guapo. [엘 풋볼리스따 에스 과뽀]   그 축구 선수는 잘생겼다.

Elena es simpática. [엘레나 에스 심빠띠까]   엘레나는 친절하다.

¡Sois muy altos! [소이스 무이 알또스]   너희들은 매우 키가 크구나!

2. llamarse 동사 : 이름이 ~이다 / 자기 자신을 ~라고 부르다

yo [요]	me llamo [메 야모]	nosotros(-as) [노소뜨로스(-라스)]	nos llamamos [노스 야마모스]
tú [뚜]	te llamas [떼 야마스]	vosotros(-as) [보소뜨로스(-라스)]	os llamáis [오스 야마이스]
él/ella/usted [엘/에야/우스뗏]	se llama [세 야마]	ellos/ellas/ustedes [에요스/에야스/우스떼데스]	se llaman [세 야만]

1) llamar 동사의 본 의미는 '~ 부르다'입니다.

앞쪽에 'me, te, se, nos, os, se'와 함께 쓰이면 부르는 대상이 자기 자신을 지칭하게 되어 'Me llamo~' 라는 문장을 직역했을 때, '나를 ~~라고 부르다'가 됩니다. 즉, '내 이름이 ~이다'가 되는 것이죠.

2) 이름 묻고 답하기 1

A : ¿Cómo te llamas? [꼬모 떼 야마스]　　　　　　　　　　　　　네 이름이 뭐야?
B : Me llamo Estrella. [메 야모 에스뜨레야]　　　　　　　　내 이름은 에스뜨레야이야.

A : ¿Cómo se llaman ustedes? [꼬모 세 야만 우스떼데스?]　　당신들의 성함은 어떻게 되시죠?
B : Me llamo Amanda y él se llama Juan. [메 야모 아만다 이 엘 세 야마 후안]

　　　　　　　　　　　　　　　　　　　　　제 이름은 아만다이고 그의 이름은 후안입니다.

3) 이름 묻고 답하기 2

A : ¿Cuál es tu nombre? [꾸알 에스 뚜 놈브레?]　　　　　　　네 이름이 뭐야?
B : Mi nombre es Carla. [미 놈브레 에스 까를라]　　　　　　내 이름은 까를라야.

A : ¿Cuál es el nombre de la profesora? [꾸알 에스 엘 놈브레 데 라 쁘로페소라?]　선생님 성함이 뭐야?
B : Su nombre es Margarita. [수 놈브레 에스 마르가리따]　　　그녀의 성함은 마르가리따야.

Dictado

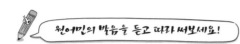
원어민의 발음을 듣고 따라 써보세요!

¡Hola! _____ **la nueva del piso, ¿verdad?**

안녕! 네가 아파트에 새로 온 아이구나, 맞지?

¡Hola! Sí, soy nueva. _____ **Hyun.**
Encantada. ¿ _____ **?**

안녕! 맞아, 내가 새 룸메이트야. 내 이름은 현이야. 만나서 반가워. 네 이름은 뭐니?

Yo soy Pedro. _____ **.**

나는 뻬드로야. 만나서 반가워.

¿ _____ **?**

너 학생이야?

No, no soy estudiante. Soy abogado.
¿Cuál es tu _____ **?**

아니, 나는 학생은 아니야. 나는 변호사야. 네 직업은 뭐야?

Soy estudiante. ¿Quién es la otra _____ **?**

나는 학생이야. 다른 룸메이트는 누구야?

¡Ah! Ella es Marga. Es muy _____ **y** _____ **.**

아, 그녀는 마르가야. 매우 예쁘고 친절해.

32

¡Qué suerte! También ....

오, 다행이다! 너도 매우 친절해.

Gracias.

고마워.

Diálogo

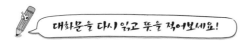
대화문을 다시 읽고 뜻을 적어보세요!

Pedro

¡Hola! Eres la nueva del piso, ¿verdad?

....

Hyun

¡Hola! Sí, soy nueva. Me llamo Hyun. Encantada.
¿Cómo te llamas?

....

Pedro

Yo soy Pedro. Encantado.

....

Hyun

¿Eres estudiante?

....

Pedro

No, no soy estudiante. Soy abogado.
¿Cuál es tu profesión?

....

Hyun

Soy estudiante. ¿Quién es la otra compañera?

....

Pedro

¡Ah! Ella es Marga. Es muy guapa y simpática.

....

Hyun ¡Qué suerte! También eres muy simpático.

....

Pedro Gracias.

....

 단어

piso m. 아파트, 층	**quién** 누구
nuevo(-a) 새로운	**otro(-a)** 다른
cuál 어느 것	**compañero(-a)** 동료, 룸메이트
profesión f. 직업	**¡Qué suerte!** 좋다, 잘됐다, 다행이다!

Hablar

1

| 네 이름이 뭐야? | **¿Cómo te llamas tú?** [꼬모 떼 야마스 뚜?] |

| 당신의 이름이 뭐예요? | **¿Cómo** se llama usted**?** [꼬모 세 야마 우스뗏?] |
| 너희들의 이름이 뭐야? | **¿Cómo** os llamáis vosotros**?** [꼬모 오스 야마이스 보소뜨로스?] |

2

| 당신의 이름은 무엇입니까? | **¿Cuál es su nombre?** [꾸알 에스 수 놈브레?] |

| 너의 이름은 뭐야? | **¿Cuál es** tu nombre**?** [꾸알 에스 뚜 놈브레?] |
| 너의 직업은 뭐야? | **¿Cuál es** tu profesión**?** [꾸알 에스 뚜 쁘로페시온?] |

3

| 너는 참 친절하다. | **Tú eres muy simpático.** [뚜 에레스 무이 심빠띠꼬] |

| 너는 참 잘생겼다. | **Tú eres muy** guapo**.** [뚜 에레스 무이 과뽀] |
| 그녀는 키가 매우 큽니다. | **Ella es muy** alta**.** [에야 에스 무이 알따] |

Autorreflexión

1. 내용을 듣고 그림에 해당하는 녹음의 알파벳을 써보세요.

1)
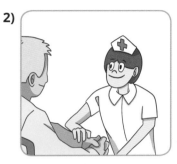

2)

3)

2. 빈칸에 알맞은 ser 동사를 써보세요.

1) Raúl y yo _____ médicos.

2) La profesora _____ muy amable.

3) Marga y Pedro _____ un poco gordos.

4) Ana y tú _____ estudiantes.

3. 다음 문장을 스페인어로 작문해보세요.

1) 당신의 이름은 무엇입니까?

....

2) 나의 부모님은 공무원입니다.

....

3) 너희들은 키가 매우 크다.

....

4) 네 직업이 뭐야?

....

⊘ **정답**

1. 1) c   2) a   3) b
   (듣기 : a) Ella es Carla. Es enfermera. Es muy amable.
         b) Esta chica es Camila. Ella es guía turística.
         c) El nombre de mi profesor es Roberto. Él es
            muy inteligente.)

2. 1) somos   2) es   3) son   4) sois
3. 1) ¿Cómo se llama usted? / ¿Cuál es su nombre?
   2) Mis padres son funcionarios.
   3) Vosotros sois muy altos.
   4) ¿Cuál es tu profesión?

스페인어권 사람들의 이름

스페인어권 사람들의 이름은 유독 길어서, 처음에는 도대체 어디까지가 이름이고 어떻게 구성되어 있는지 잘 알기 어려울 수 있습니다. 일반적으로는 '이름+아버지 성+어머니 성'으로 되어 있는데요, 간혹 이름이 2개인 사람들도 있을 수 있답니다. 그 경우에는 '이름+이름+아버지 성+어머니 성'의 구성이 되겠지요. 여성의 경우에는 결혼을 한 뒤에 남편의 성을 자신의 이름에 붙이기도 합니다. 다음의 경우를 볼까요?

José Martínez Santos

Alba García Vázquez

María Claudia Martínez García

이름1   이름2   아버지 성   어머니 성

Lección
03

¿De dónde eres?

너는 어디 출신이니?

Vocabulario

ciudad
[씨우닷]
f. 도시

país
[빠이스]
m. 국가

yo
[요]
나

nacionalidad
[나시오날리닷]
f. 국적

idioma
[이디오마]
m. 언어

dónde
[돈데]
어디에

Expresión y gramática

1. ser 동사 : ~ 이다

빈칸에 알맞은 동사형을 채워보세요!

yo		nosotros(-as)	
tú		vosotros(-as)	
él/ella/usted		ellos/ellas/ustedes	

2. 출신지 묻고 답하기

A : ¿De dónde es usted? [데 돈데 에스 우스뗏?] 당신은 어디 출신입니까?

B : Yo soy de México. [요 소이 데 메히꼬] 저는 멕시코 출신이에요.

> **Tip** 그 밖에도 이렇게 질문할 수 있습니다. ¿De qué país eres? [데 께 빠이스 에레스?] 너는 어느 나라 출신이야?
> ¿Cuál es tu nacionalidad? [꾸알 에스 뚜 나시오날리닷?] 너의 국적이 뭐야?

1) **'dónde [돈데]'**는 '어디에'라는 뜻의 의문사로 영어의 'where'에 **'de[데]'**는 '~로부터'라는 뜻으로 **'from'**에 해당합니다.

Where are you from?

¿De dónde eres tú?

2) 국적 답변하기는 아래와 같이 두 가지 방법으로 할 수 있습니다.

① **ser + de + 국가명**

Yo soy de Corea. [요 소이 데 꼬레아] / **Ella es de España.** [에야 에스 데 에스빠냐]

② **ser + 국명 형용사(주어와 성, 수 일치)**

Yo soy coreano. [요 소이 꼬레아노] / **Marta es española.** [마르따 에스 에스빠뇰라]

3. 국가명과 국명 형용사

		국가명	국명 형용사(남성)	국명 형용사(여성)
	한국	**Corea** [꼬레아]	coreano [꼬레아노]	coreana [꼬레아나]
	스페인	**España** [에스빠냐]	español [에스빠뇰]	española [에스빠뇰라]
	중국	**China** [치나]	chino [치노]	china [치나]
	일본	**Japón** [하뽄]	japonés [하뽀네스]	japonesa [하뽀네사]
	미국	**Estados Unidos** [에스따도스 우니도스]	estadounidense [에스따도우니덴세]	estadounidense [에스따도우니덴세]
	영국	**Inglaterra** [잉글라떼라]	inglés [잉글레스]	inglesa [잉글레사]
	독일	**Alemania** [알레마니아]	alemán [알레만]	alemana [알레마나]
	프랑스	**Francia** [프란시아]	francés [프란세스]	francesa [프란세사]
	베트남	**Vietnam** [비엣남]	vietnamita [비엣나미따]	vietnamita [비엣나미따]
	태국	**Tailandia** [따일란디아]	tailandés [따일란데스]	tailandesa [따일란데사]
	캄보디아	**Camboya** [깜보야]	camboyano [깜보야노]	camboyana [깜보야나]
	필리핀	**Filipinas** [필리삐나스]	filipino [필리삐노]	filipina [필리삐나]

Dictado

원어민의 발음을 듣고 따라 써보세요!

¡Hola! .... **Hyun y soy la nueva estudiante de la clase.**

안녕! 내 이름은 현이고, 새로 온 학생이야.

Hola, Hyun. Encantado. ¿ .... **?**

안녕, 현. 반가워. 너는 어디 출신이야?

Yo soy de .... **. ¿Y tú?**

나는 한국 출신이야. 너는?

Yo soy francés.

나는 프랑스인이야.

¿De qué .... **eres?**

어느 도시 출신인데?

Soy de París.

파리 출신이야.

¿Sabes de dónde es la .... **?**

스페인어 선생님은 어디 출신인지 알아?

.... **, de Barcelona. Se llama Carmen.**

그녀는 스페인 사람이야, 바르셀로나 출신이고. 이름은 카르멘이야.

44

Hyun

_____ por la información.

정보를 알려줘서 정말 고마워.

Paul

De nada.

천만에.

Diálogo

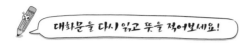
대화문을 다시 읽고 뜻을 적어보세요!

¡Hola!
Me llamo Hyun y soy la nueva estudiante de la clase.

Hyun

....

Hola, Hyun. Encantado. ¿De dónde eres?

Paul

....

Yo soy de Corea del Sur. ¿Y tú?

Hyun

....

Yo soy francés.

Paul

....

¿De qué ciudad eres?

Hyun

....

Soy de París.

Paul

....

¿Sabes de dónde es la profesora de español?

Hyun

....

Ella es española, de Barcelona. Se llama Carmen.

Paul

....

Hyun Muchas gracias por la información.

....

Paul De nada.

....

✓ 단어

escuela   f. 학교
clase   f. 교실

sabes   (saber의 2인칭 직설법 현재형) 알다
capital   f. 수도, m. 자본

Hablar

1

| 너는 어디 출신이니? | **¿De dónde eres tú?** [데 돈데 에레스 뚜?] |

당신은 어디 출신입니까?	**¿De dónde** es usted? [데 돈데 에스 우스뗏?]
너희들은 어디 출신이니?	**¿De dónde** sois vosotros? [데 돈데 소이스 보소뜨로스?]
그들은 어디 출신입니까?	**¿De dónde** son ellos? [데 돈데 손 에요스?]

2

| 나는 한국 출신입니다. | **Yo soy de Corea.** [요 소이 데 꼬레아] |

나는 스페인 출신입니다.	**Yo soy de** España. [요 소이 데 에스빠냐]
우리는 일본 출신입니다.	**Nosotros somos de Japón.** [노소뜨로스 소모스 데 하뽄]
그들은 중국 출신입니다.	**Ellos son de China.** [에요스 손 데 치나]

3

| 나는 한국인입니다. | **Yo soy coreana.** [요 소이 꼬레아나] |

나는 스페인사람입니다.	**Yo soy** español. [요 소이 에스빠뇰]
우리는 일본인입니다.	**Nosotros somos japoneses.** [노소뜨로스 소모스 하뽀네세스]
그들은 중국인입니다.	**Ellos son chinos.** [에요스 손 치노스]

Autorreflexión

1. ser 동사변화형을 적어서 표를 완성하세요.

단수		복수	
1인칭	①	1인칭	③
2인칭	②	2인칭	**sois**
3인칭	**es**	3인칭	④

2. 질문을 듣고 물음에 답하세요.

1) ....

2) ....

3) ....

4) ....

3. 단어의 순서를 배열하여 문장을 만들어보세요.

1) dónde / el profesor / de / es (선생님은 어디 출신이셔?)

....

2) es / él / Estados Unidos / de (그는 미국인이야.)

....

3) Pelayo / de/ sabes / dónde / es (Pelayo가 어디 출신인지 넌 아니?)

....

4) nuevo / Carlos / es / estudiante / el / la / clase / de

(Carlos는 수업에 새로 온 학생이야.)

....

 정답

1. ① soy ② eres ③ somos ④ son
2. 1) Pedro es de México. / Pedro es mexicano.
   (듣기 : ¿De dónde es Pedro?)
   2) Yo soy de Corea. / Yo soy coreano(-a).
   (듣기 : ¿Cuál es tu nacionalidad?)
   3) Nosotros somos de España. / Nosotros somos
      españoles(-as).

(듣기 : ¿De dónde sois?)
   4) Ellas son de Japón. / Ellas son japonesas.
   (듣기 : ¿De dónde son ellas?)
3. 1) ¿De dónde es el profesor?
   2) Él es de Estados Unidos.
   3) ¿Sabes de dónde es Pelayo?
   4) Carlos es el nuevo estudiante de la clase.

글로벌 스페인어

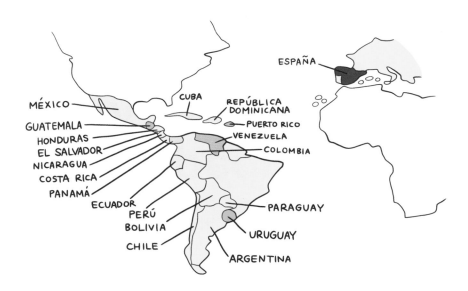

스페인어를 배우기 시작한 당신은 이제 모국어인 한국어를 포함하여 22개 국어를 할 줄 아는 사람입니다. 뚱딴지 같은 소리처럼 들리겠지만 진짜입니다.

1492년 콜럼버스(Cristóbal Colón)가 스페인의 이사벨 여왕의 지원을 받아 아메리카 대륙에 도착하면서 스페인은 수많은 아메리카 식민지를 거느린 '해가 지지 않는 나라'로서 명성을 얻게 됩니다. 길고 긴 식민지의 역사 동안 라틴아메리카 국가의 원주민들이 겪었을 수난과 고통의 깊이는 이루 말할 수 없겠지만, 대부분의 중남미 국가들이 스페인어를 사용하게 된 이유가 바로 이때부터입니다. 이 국가들 중 스페인어를 공식어로 쓰는 국가 수만 볼 때, 스페인과 아프리카의 적도 기니를 포함하면 21개국이 되므로 앞서 22개 국어를 할 줄 안다고 말한 것이 완전 허풍은 아닙니다. 그러므로 스페인어를 배우기 시작했다면 스페인어, 즉 에스파뇰(español)을 사용하는 국가들을 지도에서 찾아보고 국가명과 국명 형용사를 스페인어로 알아둘 필요가 있습니다. 더불어 한국을 포함하여 주요 국가들의 이름과 국명 형용사를 스페인어로 외워두면 자신있게 국적을 묻고 답할 수 있겠죠?

¡Estoy muy ocupada!

나는 매우 바빠요!

Vocabulario

feliz
adj. 행복한, 기쁜

triste
adj. 슬픈

enfadado(-a)
adj. 화가 난

ocupado(-a)
adj. 바쁜

aburrido(-a)
adj. 심심한, 지루한

contento(-a)
adj. 만족스러운

Expresión y gramática

1. estar 동사 : ~ (상태)이다

yo	estoy	nosotros(-as)	estamos
tú	estás	vosotros(-as)	estáis
él/ella/usted	está	ellos/ellas/ustedes	están

1) 형용사와 함께 사용하여 주어의 일시적 상태(컨디션, 감정 상태 등)를 나타냅니다.

Ella está cansada.	그녀는 피곤합니다.
Nosotros estamos tristes.	우리는 슬픕니다.
¿Cómo estás estos días?	너 요즘 어때?
Estoy preocupada por el examen.	나는 시험 때문에 걱정이 됩니다.
Mi abuelo está enfermo.	나의 할아버지께서 편찮으십니다.
La profesora está muy contenta.	선생님은 매우 만족스러워하십니다.

2) ser동사와 estar동사

어떻게 다르죠?

Marga es guapa. VS. Marga está guapa.

'ser 동사+형용사'는 주어의 변하지 않는 속성(외모, 성격)을 나타내므로
'Marga es guapa'는 Marga가 태생적으로 예쁘다는 것을 의미합니다.

하지만 'estar 동사+형용사'는 주어의 일시적인 상태를 나타내므로
'Marga está guapa'는 오늘따라 Marga가 예쁘게 보인다는 의미입니다.

3) ser와 estar 쓰임 비교

ser	estar
Jorge es trabajador.	**Jorge está triste.**
호르헤는 부지런합니다.	호르헤는 슬픕니다.
Mi papá es generoso.	**Mi papá está ocupado.**
나의 아빠는 너그러우십니다.	나의 아빠는 바쁘십니다.
La mesa es grande.	**La mesa está limpia.**
책상이 큽니다.	책상이 깨끗합니다.
La puerta es pequeña.	**La puerta está abierta.**
문이 작습니다.	문이 열려 있습니다.

4) 동사에 따라 뜻이 달라지는 형용사

ser	estar
El cantante es rico.	**El taco está rico.**
그 가수는 부자다.	타코가 맛있다.
Mi gato es muy listo.	**¿Estáis listos?**
내 고양이는 매우 영리하다.	너희들 준비됐니?
La chica es aburrida.	**La chica está aburrida.**
소녀는 지루한 사람이다.	소녀는 심심하다.
El niño es bueno.	**La paella está buena.**
아이가 착하다.	빠에야가 맛있다.
El dueño es seco.	**La fuente está seca.**
주인이 쌀쌀맞다.	샘이 말라 있다.

Dictado

 원어민의 발음을 듣고 따라 써보세요!

Marga

¡Uy…! Pedro, ¿_____?

아이고…! 뻬드로, 너 피곤하니?

Pedro

No, no estoy cansado.

Es que estoy un poco _____.

아니, 나 안 피곤해. 사실 조금 걱정이 있어.

Marga

¿Qué te pasa? ¿Algún _____?

무슨 일 있어? 무슨 문제라도?

Pedro

La verdad es que _____

estos días.

사실은 내 여동생이 요즘 아프거든.

Marga

¿Tu hermana María?

네 여동생 마리아?

Pedro

Sí, está muy _____.

그래, 엄청 심한 감기에 걸렸어.

Marga

_____ mucho.

정말 유감이다.

Pedro

Además, estoy de ＿＿＿＿＿＿＿ pero todavía no es-toy ＿＿＿＿＿＿＿.

게다가 나는 시험기간인데 아직 준비가 덜 됐어.

Marga

¡＿＿＿＿＿＿＿＿ tanto!

너무 걱정 하지마!

Pedro

Gracias, Marga.

고마워, 마르가.

Diálogo

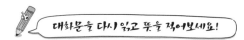
대화문을 다시 읽고 뜻을 적어보세요!

Marga: ¡Uy…! Pedro, ¿estás cansado?

....

Pedro: No, no estoy cansado.
Es que estoy un poco preocupado.

....

Marga: ¿Qué te pasa? ¿Algún problema?

....

Pedro: La verdad es que mi hermana está enferma estos días.

....

Marga: ¿Tu hermana María?

....

Pedro: Sí, está muy resfriada.

....

Marga: Lo siento mucho.

....

Pedro

Además, estoy de exámenes pero todavía no estoy preparado.

Marga

¡No te preocupes tanto!

Pedro

Gracias, Marga.

✓ 단어

Es que~ 사실, 왜냐하면~

¿Qué te pasa? 무슨 일 있어?

La verdad es que~ 사실은~

hermano(-a) 형제(자매)

Lo siento 그것을 유감으로 느끼다, 미안하다

todavía 여전히, 아직도

¡No te preocupes! 걱정하지 마

tanto 그렇게나 많이

Hablar

1

| 너는 요즘 어때? | ¿Cómo estás estos días? |

호세는 요즘 어때? ¿Cómo está José estos días?

너희들은 요즘 어때? ¿Cómo estáis vosotros estos días?

당신들은 요즘 어때요? ¿Cómo están Uds. estos días?

2

| 나는 오늘 피곤합니다. | Yo estoy cansado hoy. |

나는 오늘 화가 납니다. Yo estoy enfadado hoy.

나는 오늘 바쁩니다. Yo estoy ocupado hoy.

우리들은 오늘 슬픕니다. Nosotros estamos tristes hoy.

3

| 엘레나는 시험 때문에 걱정합니다. | Elena está preocupada por el examen. |

빠코는 돈 때문에 걱정합니다. Paco está preocupado por el dinero.

그녀는 일 때문에 피곤합니다. Ella está cansada por el trabajo.

나의 어머니는 일 때문에 바쁘십니다. Mi madre está ocupada por el trabajo.

Autorreflexión

1. 대화문을 읽고 알맞은 **estar** 동사를 써보세요.

   1) A : ¿Cómo _____ tú?

   　　B : Yo _____ triste.

   2) A : ¿Qué tal _____ tu madre?

   　　B : Ella _____ enferma todavía.

   3) A : Chicos, ¿_____ listos ya?

   　　B : Sí, _____ listos, profesora.

2. **ser** 동사와 **estar** 동사를 각각 하나씩 활용하여 주어진 그림과 형용사에 맞게 두 문장씩 작문해보세요.

   1)

   | preocupado | inteligente |

   _____

   _____

   2)

   | amable | cansada |

   _____

   _____

3. 주어진 문장과 같은 뜻이 되도록 밑줄 친 부분의 형용사를 바꿔보세요.

1) Mi hermano es muy <u>inteligente</u>. → ....

2) Las tapas están <u>deliciosas</u>. → ....

3) Ya estoy <u>preparado</u> para salir. → ....

4. 녹음의 내용과 일치하는 것을 골라보세요.

① David는 영어 선생님이다.

② David는 평소에 매우 피곤하다.

③ David는 요즘 만족스럽다.

정답

1. 1) estás-estoy   2) está-está   3) estáis-estamos
2. 1) El médico está preocupado.
     El médico es inteligente
   2) La enfermera es amable.
     La enfermera está cansada.
3. 1) listo   2) ricas   3) listo

4. ③
   (듣기 : ¡Hola! Me llamo David. Yo soy profesor de alemán en una escuela. Normalmente estoy muy ocupado. Estos días estoy contento porque mis estudiantes son muy trabajadores.)

왜 연인 사이도 아닌데 뽀뽀를 하죠?

스페인어권 사람들의 인사법은 우리나라 사람들의 인사법과는 사뭇 다릅니다. 스페인 사람들의 경우, 만났을 때 양쪽 볼을 맞대며 두 번 뽀뽀를 나누는 도스 베소스(dos besos)를 하고, 멕시코를 비롯한 일부 라틴아메리카 국가들에서는 한쪽 볼만 맞대며 인사하는 운 베소(un beso)를 나눕니다. 여기서 beso는 뽀뽀를 뜻하고 앞쪽에는 뽀뽀의 횟수에 해당하는 스페인어 숫자를 적은 표현이에요.

이때, 실제로 상대방의 볼에 입을 맞추는 것이 아니라 상대방의 볼과 자신의 볼을 가볍게 맞대면서 입으로만 '쪽' 소리를 내주는 것이니, 정말로 뽀뽀하지 않도록 조심하세요. 인사방법은 두 가지 모두 자신의 오른쪽 볼을 상대방의 볼과 먼저 닿게 시작하면 됩니다.

남자들끼리는 악수를 하는 경우가 일반적이고, 처음 만난 이성과 동양인들이 혹시나 불편해할 수도 있다고 배려하여 가볍게 악수만 청하기도 합니다. 또한 이미 언급했듯이 국가마다 un beso일 수도, dos besos일 수도 있으므로, 방문하는 국가나 만날 사람들의 국적을 고려하여 실수하지 않도록 배려해주세요.

도스 베소스

¿Dónde está el baño?

화장실은 어디에 있어요?

Vocabulario

banco
m. 은행

residencia
f. 기숙사

parada
f. 정류장

estación
f. 역

plaza
f. 광장

parque
m. 공원

Expresión y gramática

1. estar 동사 2 : ~ 이 있다

특정한 사람이나 사물의 위치를 나타낼 때 사용합니다.

빈칸에 알맞은 동사형을 채워보세요!

yo		nosotros(-as)	
tú		vosotros(-as)	
él/ella/usted		ellos/ellas/ustedes	

Marta está en el cine.　　　　　　　　　　　마르타가 영화관에 있습니다.

Los estudiantes están en la clase.　　　　학생들이 교실에 있습니다.

2. 장소를 나타내는 전치사구

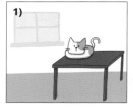
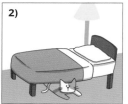
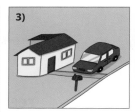
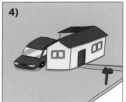

1) **El gato está encima de la mesa.**
고양이가 책상 위에 있습니다.

2) **El gato está debajo de la cama.**
고양이가 침대 아래에 있습니다.

3) **El coche está delante de la casa.**
집 앞에 자동차가 있습니다.

4) **El coche está detrás de la casa.**
집 뒤에 자동차가 있습니다.

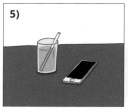
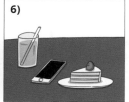

5) **El móvil está al lado del vaso.**
휴대폰은 컵 옆에 있습니다.

6) **El móvil está entre el vaso y el plato.**
휴대폰은 컵과 접시 사이에 있습니다.

7) **La chica está a la izquierda del perro.**
소녀가 강아지의 왼쪽에 있습니다.

8) **La chica está a la derecha del perro.**
소녀가 강아지의 오른쪽에 있습니다.

3. hay 동사 : ~ 이 있다 (존재)

> hay 동사 뒤에 오는
> 명사는 정관사와
> 함께 쓰일 수 없어요!

hay	부정관사(**un**, **una**, **unos**, **unas**) **mucho/-a/-os/-as** 무관사(**Ø**) 숫자	명사

¿Qué hay en la nevera?	냉장고에 뭐가 있어?
¿Hay una farmacia cerca de aquí?	이 근처에 약국이 있나요?
Hay unos libros en la mesa.	책상에 책이 몇 권 있습니다.
Hay mucha gente en la calle.	거리에 많은 사람들이 있습니다.
Hay tres gatos en el jardín.	정원에 고양이가 세 마리 있습니다.

4. estar와 hay (haber)

Marisol está en la habitación. 마리솔이 방에 있습니다.	**Hay una chica en la habitación.** 소녀 한 명이 방에 있습니다.
Las flores están en el parque. 꽃들이 공원에 있습니다.	**Hay muchas casas por aquí.** 이 근처에 많은 집들이 있습니다.
Mi casa está lejos de la escuela. 내 집은 학교에서 멀리에 있습니다.	**Hay vasos en la mesa.** 컵들이 탁자에 있습니다.
Esa iglesia está en Barcelona. 그 교회는 바르셀로나에 있습니다.	**Hay dos opciones.** 두 가지 옵션이 있습니다.

- estar 동사의 경우에는 주어 자리에 '고유명사', '정관사(el, la, los, las) + 명사', '소유사(mi, tu, su⋯) + 명사', '지시형용사(este, ese, aquel⋯) + 명사'가 올 수 있습니다.

Dictado

원어민의 발음을 듣고 따라 써보세요!

David

Perdone, ¿hay una clínica _____ **?**

실례합니다만, 이 근처에 병원이 있나요?

Señora

Sí, hay una por aquí.

네, 여기 근처에 한 곳이 있어요.

David

¡Qué bien! ¿ _____ **?**

다행이네요! 그 병원은 어디에 있죠?

Señora

La clínica está _____ **la calle.**

Desde aquí, se tarda _____ **5 minutos.**

병원은 이 길 끝에 있어요. 여기서 대략 5분 정도 걸려요.

David

Muchas gracias, señora.

감사합니다, 아주머니.

Señora

Pero esa clínica _____ **hoy…**

하지만, 그 병원 오늘은 문을 안 여는데…

David

¿Ah, sí? Uy… ¡Qué dolor! Me duele el estómago.

Pues… ¿ _____ **por aquí cerca?**

아, 그래요? 아이고… 아파라! 배가 아파요. 그러면 근처에 약국이 있나요?

Señora

.... **. La farmacia está justo usted. Está abierta 24 horas.**

당연하죠. 약국은 바로 당신 뒤에 있어요. 24시간 열려 있답니다.

David

¡Muy bien! .... **.**

아주 좋네요! 정말 감사합니다.

Señora

De nada.

천만에요.

Diálogo

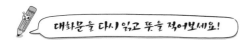
대화문을 다시 읽고 뜻을 적어보세요!

Perdone, ¿hay una clínica cerca de aquí?

David

....

Sí, hay una por aquí.

Señora

....

¡Qué bien! ¿Dónde está la clínica?

David

....

La clínica está al fondo de la calle.
Desde aquí, se tarda más o menos 5 minutos.

Señora

....

Muchas gracias, señora.

David

....

Pero esa clínica no está abierta hoy···

Señora

....

¿Ah, sí? Uy··· ¡Qué dolor! Me duele el estómago.
Pues··· ¿Hay una farmacia por aquí cerca?

David

....

Señora

Claro que sí. La farmacia está justo detrás de usted. Está abierta 24 horas.

 David

¡Muy bien! Mil gracias.

 Señora

De nada.

 단어

clínica 병원, 의원	**dolor** 고통
tarda (tardar의 3인칭 직설법 현재형) 시간이 걸리다	**estómago** 배, 복부
abierto(-a) 열린	**justo** adv. 딱, 마침

Hablar

| 은행은 어디에 있나요? | ¿Dónde está el banco? |

화장실은 어디에 있나요?	¿Dónde está el baño?
약국은 어디에 있나요?	¿Dónde está la farmacia?
기차역은 어디에 있나요?	¿Dónde está la estación del tren?

| 고양이는 책상 위에 있습니다. | El gato está encima de la mesa. |

고양이는 책상 아래에 있습니다.	El gato está debajo de la mesa.
고양이는 책상 옆에 있습니다.	El gato está al lado de la mesa.
고양이는 책상의 오른쪽에 있습니다.	El gato está a la derecha de la mesa.

| 방에 한 소년이 있습니다. | Hay un chico en la habitación. |

방에 책상이 하나 있습니다.	Hay una mesa en la habitación.
방에 많은 책이 있습니다.	Hay muchos libros en la habitación.
방에 개 두 마리가 있습니다.	Hay dos perros en la habitación.

Autorreflexión

1. 그림을 보고 아래 빈칸을 채워보세요.

En la plaza, hay tres árboles, dos bancos y un gato.

1) El teatro está .... del banco.

2) El banco está .... el teatro .... el bar.

3) Las enfermeras están .... hospital.

2. estar와 hay 중 알맞은 동사에 ◯를 표시해보세요.

1) ¿(Hay / Está) mucha gente en la calle?

2) Las manzanas (hay / están) en la nevera.

3) (Hay / Está) un mapa de Corea en la clase.

4) Mi casa (hay / está) lejos de la plaza.

3. 녹음의 내용과 일치하는 그림을 찾아보세요.

①

②

③

---

1. 1) al lado   2) entre, y   3) delante del
2. 1) Hay   2) están   3) Hay   4) está
3. ③
   (듣기 : En mi habitación, hay una cama, una mesa, una silla y un armario. En la pared hay un mapa de Corea. Normalmente los libros están encima de la mesa. Mi gato Jesús siempre está debajo de la cama.)

스페인어권 국가에서 온 인기 있는 간식들

추로스

놀이동산이나 영화관에 가면 자주 접할 수 있는 음식 중에 추로스가 있습니다. 이 추로스(churros)는 스페인 사람들이 아침식사(desayuno)나 간식(merienda)으로 먹는 음식이에요. 보통 어린아이들은 아침에 핫초코를 곁들여 먹기도 하고, 오후에 카페에서 친구들과 만나 꾸덕하게 녹인 초콜렛에 추로스를 푹 찍어 먹기도 하며, 시장에서 꽈배기를 사듯이 추로스를 파는 가게인 '추레리아(churrería)'에서 갓 튀겨낸 추로스를 포장해 가기도 합니다. 종류도 모양에 따라 길쭉한 것, 동그랗게 말린 것, 초콜릿을 입힌 것, 두꺼운 추로스의 일종인 뽀라스(porras) 등 매우 다양합니다.

마테차는 한국에서 다이어트 음료처럼 소개되고 있는데요. 아르헨티나, 파라과이, 우루과이 등의 국가에서 마테잎으로 만든 차이며 남녀노소를 불문하고 그 지역 사람들이 가장 즐겨 마시는 차입니다. 우리가 "커피 한잔 하러 갈래?"라고 친구들에게 제안하듯이 이들은 마테차를 같이 마시는데요. 혈액순환에 도움이 된다고 알려져 있고 특유의 쌉쌀하면서도 부드러운 맛이 특징입니다. 여러분은 스페인어권 친구에게 한국 사람들이 즐겨 먹는 간식이나 차를 소개하게 되면, 무엇을 추천하시겠어요?

마테차

¿Cuándo es tu cumpleaños?

네 생일이 언제야?

Vocabulario

abuelo
할아버지

abuela
할머니

padre
아버지

madre
어머니

tío
삼촌, 이모부, 고모부
(3촌 관계의 모든 남성)

tía
숙모, 이모, 고모
(3촌관계의 모든 여성)

hermano
형제

cuñada
형수, 제수

yo
나

esposa
배우자

primo
사촌

prima
사촌

sobrino
조카

sobrina
조카

hija
딸

yerno
사위

hijo
아들

nuera
며느리

nieto
손자

nieta
손녀

Expresión y gramática

1. 숫자 (0~100)

0 - cero	11 - once	21 - veintiuno	40 - cuarenta
1 - uno	12 - doce	22 - veintidós	50 - cincuenta
2 - dos	13 - trece	23 - veintitrés	60 - sesenta
3 - tres	14 - catorce	24 - veinticuatro	70 - setenta
4 - cuatro	15 - quince	25 - veinticinco	80 - ochenta
5 - cinco		26 - veintiséis	90 - noventa
6 - seis	16 - dieciséis	27 - veintisiete	100 - cien
7 - siete	17 - diecisiete	28 - veintiocho	
8 - ocho	18 - dieciocho	29 - veintinueve	
9 - nueve	19 - diecinueve	30 - treinta	
10 - diez	20 - veinte	31 - treinta y uno	

1) 스페인어 기수는 명사 앞에 나옵니다.

dos casas 2채의 집   **trece chicos** 3명의 소년들

diez rosas 10송이 장미   **cien años** 100년

2) uno는 남성 단수 명사 앞에서 'un'으로 바뀌고, 여성 단수 명사 앞에서는 'una'

un profesor 1명의 (남)선생님   **una profesora** 1명의 (여)선생님

3) 16~29까지는 10의 자리와 1의 자리에 'y'를 넣은 분리형을 사용하지 않고 축약형을 사용합니다. 이 때, 음절 변화로 인한 강세의 위치에 주의하세요.

diez y seis → dieciséis   **diez y siete → diecisiete**

veinte y dos → veintidós   **veinte y tres → veintitrés**

4) 21이 남성명사를 수식하는 경우에 'veintiuno'에서 '-o'를 탈락시키고 'ún'과 같이 강세를 찍어줍니다. 여성명사를 수식하는 경우에는 '-a'로 변화시켜줍니다.

veintiún profesores 21명의 (남)선생님들   **veintiuna profesoras** 21명의 (여)선생님들

2. 날짜, 요일의 표현

1) Los días de la semana 요일

월요일	lunes
화요일	martes
수요일	miércoles
목요일	jueves
금요일	viernes
토요일	sábado
일요일	domingo

¿Qué día es hoy?   오늘 무슨 요일이에요?

Hoy es viernes.   오늘은 금요일이에요.

2) Los meses 월

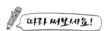

1월	2월	3월
enero	febrero	marzo

4월	5월	6월
abril	mayo	junio

7월	8월	9월
julio	agosto	septiembre

10월	11월	12월
octubre	noviembre	diciembre

A : ¿Qué fecha es hoy?

오늘 며칠이에요?

B : Hoy es once de noviembre.

오늘은 11월 11일입니다.

A : ¿Cuándo es tu cumpleaños?

네 생일은 언제야?

B : Es el primero de mayo.

내 생일은 5월 1일이야.

Dictado

원어민의 발음을 듣고 따라 써보세요!

Pedro

¿ .... **?**

오늘 며칠이지?

Hyun

Hoy es treinta de diciembre.

오늘 12월 30일이야.

Pedro

Ya estamos en el .... **.**

이제 올해 마지막이네.

Hyun

Sí, ... **.**

응, 그러게.

Pedro

¿Qué tal si celebramos la .... **en la plaza mañana?**

내일 우리 광장에서 노체비에하를 기념하면 어때?

Hyun

¿Nochevieja? ¿ .... **?**

노체 비에하? 그게 뭐야?

Pedro

Es la .... **del año y en España la celebramos con doce** .... **.**

한 해의 마지막 밤이고 스페인에서는 12번의 종소리와 함께 그날을 기념하는 거야.

Hyun

¡_____! Nosotros también celebramos el último día del año con las campanadas.

흥미롭다! 우리 역시도 한 해의 마지막을 종소리로 기념하거든!

 Pedro

Además, mañana es el _____ de Marga.

게다가 내일은 마르가의 생일이기도 해.

 Hyun

¡Vamos a celebrar todos juntos!

모두 함께 기념하자.

 Pedro

¡_____!

좋은 생각이야!

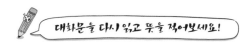
대화문을 다시 읽고 뜻을 적어보세요!

Pedro

¿Qué fecha es hoy?

....

Hyun

Hoy es treinta de diciembre.

....

Pedro

Ya estamos en el fin del año.

....

Hyun

Sí, es verdad.

....

Pedro

¿Qué tal si celebramos la Nochevieja en la plaza mañana?

....

Hyun

¿Nochevieja? ¿Qué es eso?

....

Pedro

Es la última noche del año y en España la celebramos con doce campanadas.

....

Hyun

¡Qué interesante! Nosotros también celebramos el último día del año con las campanadas.

 Pedro

Además, mañana es el cumpleaños de Marga.

 Hyun

¡Vamos a celebrar todos juntos!

 Pedro

¡Buena idea!

 단어

fin 끝, 마지막
Nochevieja 12월 31일 밤을 말하며, 직역하면 오래된 밤이라는 뜻입니다. 스페인에서는 이날 새해로 넘어가는 자정에, 12번의 종소리에 맞춰 12알의 포도를 먹는 행사를 합니다.

celebramos (celebrar 동사의 직설법 현재 1인칭 복수형) 기념하다, 축하하다
cumpleaños 생일
juntos(-as) 함께

1

| 오늘은 화요일입니다. | Hoy es martes. |

오늘은 목요일입니다.　　Hoy es jueves.

오늘은 토요일입니다.　　Hoy es sábado.

내일은 일요일입니다.　　Mañana es domingo.

2

| 오늘은 1월 10일입니다. | Hoy es diez de enero. |

오늘은 2월 15일입니다.　　Hoy es quince de febrero.

오늘은 7월 27일입니다.　　Hoy es veintisiete de julio.

오늘은 10월 30일입니다.　　Hoy es treinta de octubre.

3

| 내 생일은 5월 11일이야. | Mi cumpleaños es el once de mayo. |

내 생일은 6월 21일이야.　　Mi cumpleaños es el veintiuno de junio.

네 생일은 8월 14일이야.　　Tu cumpleaños es el catorce de agosto.

그의 생일은 11월 3일이야.　　Su cumpleaños es el tres de noviembre.

1. 달력을 보고 물음에 답해보세요.

1) ¿Qué día es hoy? ....

2) ¿Cuándo es el día de los profesores? ....

3) ¿Cuándo es el cumpleaños de tu madre? ....

2. 내용을 듣고 해당하는 날짜들에 메모를 해 보세요.

SEPTIEMBRE

L	M	X	J	Y	S	D
1	2	3	4	5	6	7
8	9	10	11	12	13	14
15	16	17	18	19	20	21
22	23	24	25	26	27	28
29	30					

3. 빈칸에 알맞은 스페인어를 써보세요.

1) ...., ...

tío   tía   padre   madre

2) ....   yo   3) ....

---

1. 1) Hoy es sábado.   2) Es el quince de mayo.
    3) Es el veinticinco de mayo.
2. 1) 9월 16일 멕시코 독립 기념일
    2) 9월 4일 사촌생일
    3) 9월 30일 내생일

(듣기 : El dieciséis de septiembre es el día de la in-dependencia de México. El cumpleaños de mi pri-mo es el cuatro de septiembre. El último día de septiembre es mi cumpleaños.)
3. 1) abuelo, abuela   2) primo   3) hermana

포도알과 함께하는 스페인의 12월 31일

한 해의 마지막 날, 우리나라에서는 보신각 타종 행사에 참여하기 위해 서울 광화문 광장에 많은 인파가 몰립니다. 스페인 마드리드에서도 이날 태양의 문(Puerta del Sol), 이른바 솔 광장에 '도쎄 깜빠나다스(Doce campanadas)'를 함께하기 위한 많은 사람들이 모입니다. Doce campanadas는 스페인어로 숫자 12를 뜻하는 'doce'와 종소리를 뜻하는 'campanadas'가 합쳐진 말입니다. 묵은 해를 보내고 새해로 넘어가는 자정에 행해지는 타종 행사입니다.

이때 스페인 사람들의 손에 무언가 하나씩 들려 있는데요. 바로 12개의 포도알(doce uvas)이 든 컵입니다. 종이 한번 칠 때마다 포도알 한 알을 먹어서 12개의 포도알을 모두 먹으면, 스페인 사람들은 새해에 행운이 온다고 믿습니다. 포도알 먹기가 끝나면 다 같이 스페인어로 '즐거운 새해'를 뜻하는 '¡Feliz año nuevo!(펠리스 아뇨 누에보!)'를 외치는 것도 잊지 마세요!

Limpiamos la casa juntos.

우리는 함께 집 청소를 합니다.

Vocabulario

cantar
v. 노래하다

bailar
v. 춤추다

pasear
v. 산책하다

nadar
v. 수영하다

limpiar
v. 청소하다

viajar
v. 여행하다

Expresión y gramática

1. –ar 동사의 직설법 현재 변화

hablar 말하다					
단수			복수		
인칭대명사	어간	어미	인칭대명사	어간	어미
yo	habl-	o	nosotros(-as)	habl-	amos
tú		as	vosotros(-as)		áis
Ud.			Uds.		
él		a	ellos		an
ella			ellas		

✏️ 빈칸에 동사변화형을 써보세요!

tomar 타다, 먹다, 마시다	
tomo	tomamos
tomas	tomáis
toma	toman

estudiar 공부하다	

trabajar 일하다	

desear ~를 원하다, 바라다	

Elena toma el sol en la playa.

Nosotros estudiamos en la biblioteca.

Mi madre trabaja en una empresa.

Deseo comprar un móvil nuevo.

엘레나는 해변에서 일광욕을 합니다.

우리는 도서관에서 공부를 합니다.

나의 어머니는 회사에서 일하십니다.

나는 새 휴대폰을 사기를 원합니다.

2. 문장의 구조

1) 부정문을 만들 때는 동사 앞에 no를 붙여줍니다.

Mi abuela no toma café.

나의 할머니는 커피를 안 드세요.

2) 스페인어는 동사가 인칭에 따라 변화하기 때문에 주어를 생략하는 것이 가능합니다.

그러나 주어가 3인칭이거나 이를 강조, 대조시킬 경우, 주어를 밝혀 의미를 명확하게 해줍니다.

Paseo por el parque.	나는 공원을 산책합니다.
Limpiamos la habitación todos los días.	우리는 매일 방을 청소합니다.
Él trabaja en Perú y ella trabaja en Chile.	그는 페루에서 일하고 그녀는 칠레에서 일합니다.

3. 의문문 만들기

1) 스페인어 의문문에서는 주어의 위치가 비교적 자유롭습니다.

> 아래 문장에서 주어를 찾아 동그라미 해보세요!

¿Marga habla coreano? 평서문 구조와 동일

¿Habla Marga coreano? 동사+주어

¿Habla coreano Marga? 문장 맨 뒤에 주어

2) 의문사로 시작하는 의문문일 경우, '의문사+동사+(주어)'의 순서로 문장을 만들어주세요.

qué	무엇	¿Qué necesitas tú?	너는 무엇이 필요하니?
dónde	어디	¿Dónde está el museo del Prado?	프라도 박물관은 어디에 있어요?
cómo	어떻게	¿Cómo está usted?	당신은 어떻게 지내세요?
quién/quiénes	누구	¿Quién es el chico?	저 소년은 누구예요?
		¿Quiénes son ellas?	그녀들은 누구예요?
cuándo	언제	¿Cuándo es el examen?	시험은 언제인가요?
por qué	왜	¿Por qué estudias español?	왜 너는 스페인어를 공부하니?
cuál/cuáles	어떤 것	¿Cuál es tu color favorito?	너는 좋아하는 색깔이 뭐야?
		¿Cuáles son tus zapatos?	어떤 것이 네 신발이야?
'cuánto/-a/-os/-as'	얼마나 많은	¿Cuánto cuesta la camisa?	이 셔츠는 얼마인가요?
		¿Cuántos idiomas hablas?	너는 몇 개 국어를 하니?

- 단, 'qué'와 'cuánto/-a/-os/-as'의 경우에는 '의문사+명사'의 구조로 결합하여 사용되는 경우도 있으므로 구조를 헷갈리지 않도록 조심하세요!

Dictado

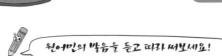
원어민의 발음을 듣고 따라 써보세요!

Pedro, ¿ _____ ?

삐드로, 우리 잠깐 이야기할까?

Dime, Hyun. ¿ _____ ?

현, 말해봐. 너 무슨 일 있어?

Es que la casa está demasiado sucia y _____

_____ .

집이 지나치게 더러워서 우리 청소를 좀 할 필요가 있어.

¡Ah! Es verdad.

_____ , **¿limpiamos juntos?**

아, 맞아. 오늘 난 일 안 하니까, 같이 청소할까?

¡Claro que sí!

Y luego _____ **por el parque y** _____ **café.**

당연하지! 그러고 나서 우리 공원을 산책하고 커피 마시자.

_____ .

Cerca del parque hay una cafetería muy famosa.

좋은 생각이야. 공원 근처에 매우 유명한 카페가 하나 있거든.

¡Perfecto!

완벽해!

También .... **antes de regresar a casa.**

집에 돌아오기 전에 우리 꽃도 사자.

Muy bien. Entonces, vamos a limpiar .... **.**

좋아. 그러면 지금 당장 청소하자.

Vale.

알겠어.

Diálogo

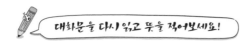
대화문을 다시 읽고 뜻을 적어보세요!

Hyun: Pedro, ¿hablamos un rato?

....

Pedro: Dime, Hyun. ¿Qué te pasa?

....

Hyun: Es que la casa está demasiado sucia y necesitamos limpiar.

....

Pedro: ¡Ah! Es verdad.
Como no trabajo hoy, ¿limpiamos juntos?

....

Hyun: ¡Claro que sí!
Y luego paseamos por el parque y tomamos café.

....

Pedro: Buena idea.
Cerca del parque hay una cafetería muy famosa.

....

Hyun: ¡Perfecto!

....

Pedro **También compramos unas flores antes de regresar a casa.**

 Hyun **Muy bien. Entonces, vamos a limpiar ahora mismo.**

 Pedro **Vale.**

> 스페인 사람들이 동의를 표현할 때 자주 사용하는 표현입니다. 멕시코에서는 sale, 콜롬비아에서는 dale라고 표현하기도 합니다.

 단어

rato m. 잠시, 순간	**antes de** ~전에
demasiado 지나치게	**regresar** 돌아오다, 돌아가다
necesitar ~을 필요로 하다	**ahora mismo** 지금 당장
como ① ~이기 때문에 ② ~처럼 ③ ~로서	

Hablar

1

| 나는 스페인어를 말합니다. | **Yo hablo español.** |

그녀는 스페인어를 말합니다.	Ella habla **español.**
우리는 스페인어를 말합니다.	Nosotros hablamos **español.**
너희는 한국어를 말하는구나.	Vosotros habláis coreano.

2

| 너 무엇을 사고 싶어? | **¿Qué deseas comprar?** |

너희들은 무엇을 사고 싶어?	¿Qué deseáis comprar?
너는 무엇을 먹고 싶어?	¿Qué deseas tomar?
너는 무엇을 공부하고 싶어?	¿Qué deseas estudiar?

3

| 너는 몇 개 국어를 하니? | **¿Cuántos idiomas hablas?** |

당신은 몇 개 국어를 하시나요?	¿Cuántos idiomas habla usted?
너는 몇 개의 의자가 필요해?	¿Cuántas sillas necesitas?
너는 몇 개의 볼펜이 필요해?	¿Cuántos bolígrafos necesitas?

1. 보기에서 알맞은 동사를 골라 문장을 완성해보세요.

<보기>   desear, escuchar, trabajar, tocar, tomar, hablar

1) Carmen y yo todavía no _____ español bien.

2) ¿ _____ Rafael en la empresa internacional?

3) Nosotros _____ viajar a Cuba estas vacaciones.

4) Los turistas _____ el sol en la playa.

5) Yo _____ música clásica en el coche.

6) Mi suegro _____ el violonchelo muy bien.

2. 녹음의 내용과 관련없는 그림을 골라보세요.

①

②

③

3. 다음 주어진 단어들을 배열하여 문장을 완성해보세요.

1) dónde, paseáis, esta, por, noche

→ ¿..?

2) por, estudias, qué, español

→ ¿..?

3) usted, idiomas, habla, cuántos

→ ¿..?

 정답

1. 1) hablamos 2) Trabaja 3) deseamos
   4) toman 5) escucho 6) toca
2. ②
   (듣기 : Me llamo Marga. Estos días estudio vietna-mita en una academia de idiomas. A veces toco la guitarra con unos amigos. Los fines de semana limpio la habitación.)
3. 1) ¿Por dónde paseáis esta noche?
   2) ¿Por qué estudias español?
   3) ¿Cuántos idiomas habla usted?

나를 찾아 떠나는 길, 까미노 데 산티아고

※ 읽기 전에, 다음의 단어에 해당하는 알맞은 뜻을 찾아 연결해보세요.

① caminar •   • Ⓐ 순례자

② peregrino •   • Ⓑ 숙소

③ concha •   • Ⓒ 걷다

④ albergue •   • Ⓓ 조개껍데기

　'까미노 데 산티아고'는 전 세계인의 사랑을 받는 스페인의 대표적인 관광지이자 성지순례 길입니다. 813년, 갈리시아 인근에서 별들이 떨어지는 신비로운 광경을 목격한 한 수도사가 별이 떨어진 장소에 가보니, 사도 산티아고(야곱)의 유해가 있었습니다. 당시 아스투리아스 왕국의 알폰소 2세 왕은 그 자리에 성당 건립을 명하게 되는데요, 이곳이 바로 산티아고 데 콤포스텔라(Santiago de Compostela) 성당입니다. '콤포스텔라(Compostela)'는 라틴어로 '들판'을 뜻하는 'campus'와 '별'이라는 뜻의 'stellae'에서 유래하므로, '별들이 떨어진 들판'을 의미하는 것이지요.

　'까미노 데 산티아고' 순례길 중에서 가장 인기가 많은 프랑스 길의 경우, 800킬로미터를 완주하기 위해 대략 한 달 이상의 시간을 할애해야 합니다만, 본인의 체력과 일정에 따라 구간을 선택하여 걸을 수 있습니다. 까미노를 걷는 순례자(peregrino)들은 자신이 순례자임을 증명할 수 있는 일종의 증서인 크레덴시알(credencial)을 가지고 다니면서 각 구간에서 도장을 받아 자신의 완주(100킬로미터 이상)를 증명해야 순례완주 증명서를 받을 수 있습니다. 까미노를 걸으면서 이 길의 트레이드 마크인 조개(concha) 모양의 나침반을 따라다니면 길을 잃지 않을 수 있습니다. 순례자들이 머무르는 숙소는 알베르게(albergue)라고 부릅니다.

Ella aprende coreano estos días.

그녀는 요즘 한국어를 배웁니다.

Vocabulario

correr

v. 달리다

vender

v. 팔다

11.3 ¢

comprender

v. 이해하다

imprimir

v. 인쇄하다

recibir

v. 받다

permitir

v. 허락하다

Expresión y gramática

1. –er 동사의 직설법 현재 변화

comer 먹다					
단수			복수		
인칭대명사	어간	어미	인칭대명사	어간	어미
yo		o	nosotros(-as)		emos
tú		es	vosotros(-as)		éis
Ud. él ella	com-	e	Uds. ellos ellas	com-	en

A : ¿Los españoles comen arroz también?   스페인 사람들도 쌀을 먹나요?

B : Sí, ellos comen mucho arroz.   네, 쌀을 많이 먹어요.

빈칸에 동사변화형을 써보세요!

aprender 배우다	
aprendo	aprendemos
aprendes	aprendéis
aprende	aprenden

beber 마시다	

leer 읽다	

deber (+ 동사원형) ~해야 한다	

Marga aprende japonés estos días.   마르가는 요즘 일본어를 배웁니다.

Mi novio bebe un zumo de naranja.   내 남자친구는 오렌지주스를 마십니다.

Mi padre lee el periódico todos los días.   나의 아빠는 매일 신문을 읽으세요.

Nosotros debemos limpiar la habitación.   우리는 방을 청소해야만 합니다.

2. -ir 동사의 직설법 현재 변화

vivir 살다

단수			복수		
인칭대명사	어간	어미	인칭대명사	어간	어미
yo	viv-	o	nosotros(-as)	viv-	imos
tú		es	vosotros(-as)		ís
Ud.			Uds.		
él		e	ellos		en
ella			ellas		

A : ¿Dónde vive Ud.?   당신은 어디에 사나요?

B : Vivo en la calle Velázquez.   벨라스케스 거리에 삽니다.

빈칸에 동사변화형을 써보세요!

abrir 열다

abro	abrimos
abres	abrís
abre	abren

compartir 나누다, 분배하다

escribir 쓰다

subir 오르다, 올라가다

El profesor abre la ventana.   선생님이 창문을 엽니다.

Comparto piso con los extranjeros.   나는 외국인들과 아파트에 함께 삽니다.

Escribo una carta para mi abuela.   나는 할머니께 편지를 씁니다.

Mis padres suben a la montaña el fin de semana.   부모님은 주말에 산을 오릅니다.

Dictado

원어민의 발음을 듣고 따라 써보세요!

Marga

Annyeong.. Go..ma..weo...

안녕.. 고..마..워..

Pedro

Marga, ¿qué haces?

마르가, 너 뭐해?

Marga

.... **unas frases en coreano. La verdad es que estos días** .... **por Internet.**

한국어로 문장을 읽고 있어. 사실 요즘 난 인터넷으로 한국어를 배우고 있거든.

Pedro

¡Oh, qué sorpresa! ¿ .... **coreano?**

오, 놀라운데! 한국어는 왜 배우는거야?

Marga

Para .... **con Hyun en coreano. Como** ....
.... **con ella, debemos aprender algo para** .... **.**

현이랑 한국어로 말하려고. 우리가 그녀랑 같이 아파트를 쉐어하고 있으니까, 다른 문화를 이해하기 위해 우리는 뭔가를 배워야 하잖아.

Pedro

Eso es verdad. ¿Es .... **aprender coreano?**

그거 맞는 말이네. 한국어 배우는 거 쉬워?

Marga

Es un poco .... **pero es muy** .... **.**

조금 어렵긴 하지만 매우 재미있어.

104

Pedro

¡Tengo una idea! .... **coreano**

juntos y .... **en coreano para Hyun.**

난 아이디어가 있어! 우리 같이 한국어를 공부해서 현에게 한국어로 편지 쓰자.

Marga

¡..**!**

아주 좋은 생각이야!

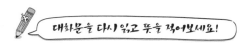
대화문을 다시 읽고 뜻을 적어보세요!

Marga

Annyeong.. Go..ma..weo...

....

Pedro

Marga, ¿qué haces?

....

Marga

Leo unas frases en coreano. La verdad es que estos días aprendo coreano por Internet.

....

Pedro

¡Oh, qué sorpresa! ¿Para qué estudias coreano?

....

Marga

Para hablar con Hyun en coreano. Como compartimos el piso con ella, debemos aprender algo para comprender otra cultura.

....

....

Pedro

Eso es verdad. ¿Es fácil aprender coreano?

....

Marga

Es un poco difícil pero es muy interesante.

....

Pedro ¡Tengo una idea! Vamos a estudiar coreano juntos y escribir una carta en coreano para Hyun.

Marga ¡Muy buena idea!

 단어

¿Qué haces? 너 뭐해?		**sorpresa** f. 놀라움	
frase f. 문장		**algo** 무언가	

Hablar

1

우리는 스페인어를 공부해야 합니다.	**Debemos estudiar español.**

우리는 방 청소를 해야 합니다.　　　　**Debemos** limpiar la habitación.

우리는 많은 물을 마셔야 합니다.　　　**Debemos** beber mucha agua.

우리는 많은 책을 읽어야 합니다.　　　**Debemos** leer muchos libros.

2

너는 어디에 사니?	**¿Dónde vives (tú)?**

너희들은 어디에 사니?　　　　　**¿Dónde** vivís (vosotros)?

너희 부모님은 어디에 사셔?　　　**¿Dónde** viven tus padres?

학생들은 어디에 사나요?　　　　**¿Dónde** viven los estudiantes?

3

조금 어렵지만 재미있습니다.	**Es un poco difícil pero es interesante.**

조금 비싸지만 예쁩니다.　　　　**Es un poco** caro **pero es** bonito.

조금 오래되었지만 쌉니다.　　　**Es un poco** viejo **pero es** barato.

조금 지루하지만 쉽습니다.　　　**Es un poco** aburrido **pero es** fácil.

Autorreflexión

1. 보기에서 알맞은 동사를 골라 문장을 완성해보세요.

<보기> vivir, deber, beber, abrir, comprender

1) Yo no _____ nada.

2) La tienda no _____ el domingo.

3) ¿Vosotros _____ lejos de la universidad?

4) Nosotros _____ entregar la tarea para el viernes.

5) Tú siempre _____ cerveza por la noche.

2. 녹음을 듣고 Julio가 오늘 해야 하는 일을 골라보세요.

① 공부   ② 청소   ③ 파티   ④ 쇼핑

3. 주어진 동사를 인칭에 맞게 변화시켜 엽서를 완성해보세요.

Querido Felipe:

Te (yo, escribir) __1__ desde Málaga. ¿Cómo (tú, estar) __2__? Desde marzo yo __3__ (vivir) aquí. Ahora (yo, trabajar) __4__ en una agencia de viajes. También (yo, estudiar) __5__ francés porque (yo, compartir) __6__ piso con una chica francesa. Ella __7__ (ser) estudiante de intercambio en la Universidad de Málaga. Nosotras (viajar) __8__ por España juntas. Ella (hablar) __9__ muy bien español. A veces (ella, cocinar) __10__ comida francesa para mí. Es muy amable.

Málaga es una ciudad muy bonita. En la playa, (yo, leer) __11__, (pasear) __12__, (tomar) __13__ el sol y (escribir) __14__ cartas.

(Yo, esperar) __15__ tu visita.

Un beso, Anita

1) ....

2) ....

3) ....

4) ....

5) ....

6) ....

7) ....

8) ....

9) ....

10) ....

11) ....

12) ....

13) ....

14) ....

15) ....

스페인어권 사람들은 정말 그런가요?

Roberto

Q : 매일 낮에 시에스타를 즐기나요?

A : 저는 점심 먹고 난 뒤에 늘 시에스타를 해요. 그렇지만 다른 나라 사람들이 오해하고 있듯이 낮에 몇 시간씩 자지는 않아요. 대부분 30분 정도의 짧은 낮잠을 자거나, 편하게 소파나 침대에 잠시 누워 눈을 감고 있는 정도로 시에스타를 즐긴답니다.

Cristel

Q : 매일매일 파티와 투우 경기가 열리나요?

A : 그럴 리가요. 투우는 현재 남부 일부 지역을 제외하고 스페인 전 지역에서 동물 보호를 위해 금지되어 있어요. 스페인 사람들이 축제나 파티를 좋아하기는 하지만 특별한 날이 아니라면 매일 먹고 마시며 놀지는 않아요.

Claudia

Q : 다섯 번 식사를 한다던데 정말이에요?

A : 사람마다 다르기는 하지만 하루에 대략 다섯 번 정도 나눠 음식을 먹는 것은 사실이에요. 그렇지만 생각하는 것처럼 다섯 번을 다 많은 양을 먹지는 않는답니다. 점심식사를 제외하고는 간단한 샌드위치, 수프, 과일, 커피 등 가벼운 음식을 먹어요.

Ignacio

Q : 스페인어권 사람들은 약속 시간보다 늦게 오는 게 정상이라던데요?

A : 친한 친구들 사이에서 만나는 약속이라면 10~20분 정도 늦게 가는 것이 일반적이기는 하나 개개인의 성향에 따라 시간 약속을 지키기도 해요. 공식적인 행사나, 업무와 관련된 일정이라면 약속된 시간에 늦지 않기 위해 미리 가서 준비하고 기다리는 경우가 대부분이에요.

Hago ejercicio todos los días.

나는 매일 운동을 합니다.

Vocabulario

Hace sol.
해가 쨍쨍합니다.

Hace viento.
바람이 붑니다.

Está nublado.
구름이 꼈습니다.

Llueve.
비가 내립니다

Nieva.
눈이 내립니다.

Hay tormenta.
태풍이 붑니다.

Expresión y gramática

1. 1인칭이 불규칙인 동사들

1) '~알다'라는 뜻의 두 가지 동사

saber		conocer	
sé	sabemos	conozco	conocemos
sabes	sabéis	conoces	conocéis
sabe	saben	conoce	conocen

- saber는 지식, 사실, (~하는) 방법을 알고 있는 경우에 사용하고 conocer는 사람이나 장소를 경험을 통해 알고 있는 경우에 사용합니다.

Yo sé dónde está Sevilla.	나는 세비야가 어디에 있는지 알아요.
Sabemos que ella es colombiana.	우리는 그녀가 콜롬비아인이라는 것을 압니다.
¿Sabes tocar la guitarra?	너 기타 연주 할 줄 아니?
Yo conozco Buenos Aires.	나는 부에노스 아이레스를 (가봐서) 알아요.
Conocemos al esposo de Marga.	우리는 마르가의 남편을 (만나봐서) 알아요.

2) '1인칭이 -go형'인 동사

hacer 하다, 만들다	
hago	hacemos
haces	hacéis
hace	hacen

A : **¿Qué haces ahora?**   너 지금 뭐해?
B : **Hago ejercicio.**   나는 운동해.

- **salir 나가다** salgo-sales-sale-salimos-salís-salen

  Yo salgo de casa muy temprano.   나의 매우 일찍 집에서 나갑니다.

- **poner 놓다, 켜다** pongo-pones-pone-ponemos-ponéis-ponen

  El camarero pone los vasos en la mesa.   웨이터가 테이블에 컵들을 놓습니다.

- **traer 가져오다** traigo-traes-trae-traemos-traéis-traen

  Traigo unos regalos para ti.   나는 너를 위한 선물들을 가져오다.

2. 날씨 표현하기

1) 날씨에 대해서 묻고 답할 때는 hacer 동사의 3인칭 단수형을 활용합니다.

¿Qué tiempo hace hoy?   오늘 날씨가 어때요?

Hace	**(muy) buen / mal tiempo**	날씨가 (매우) 좋다 / 나쁘다
	(mucho) frío / calor / fresco	(매우) 춥다 / 덥다 / 쌀쌀·시원하다
	viento / sol	바람이 불다 / 해가 쨍쨍하다

2) Hay + 명사

Hay nubes.   구름이 꼈습니다.
Hay niebla.   안개가 꼈습니다.
Hay tormenta.   태풍이 붑니다.

3) Está + 형용사

Está muy despejado. 날씨가 매우 쾌청합니다.
Está un poco nublado. 구름이 약간 꼈습니다.
Está soleado hoy.   오늘은 해가 쨍쨍합니다.

4) 동사

llover 비가 내리다 ➡ **Llueve mucho.** 비가 많이 내립니다.
nevar 눈이 내리다 ➡ **Nieva un poco.** 눈이 약간 내립니다.

3. 계절(estación)

Hay cuatro estaciones en Corea.   한국에는 사계절이 있습니다.

primavera
봄

verano
여름

otoño
가을

invierno
겨울

Dictado

¡Hace muy buen tiempo!

Hyun

오늘 날씨 진짜 좋다!

Sí, ... totalmente .... Por cierto, ¿qué haces normalmente en tu tiempo libre, Hyun?

Pedro

그러게, 완전 쾌청하다. 그런데 현, 너는 여가 시간에 보통 뭐해?

.... Normalmente corro por el parque. Pero .... , hago yoga en casa. ¿Y tú?

Hyun

나는 운동해. 보통 공원에서 달리기해. 하지만 날씨가 안 좋을 때는 집에서 요가하고. 너는?

.... con unos amigos .... En invierno esquío en las montañas.

Pedro

나는 친구들이랑 타파 먹으러 나가. 겨울에는 산에서 스키를 타기도 하고.

¡Oh, qué interesante! ¿ .... en España en invierno?

Hyun

오, 재미있겠다! 스페인은 겨울에 눈 많이 내려?

.... Normalmente llueve en invierno y ....

Pedro

지역에 따라 달라. 보통 겨울에는 비가 오고 날씨가 추워.

¿Y en verano?

Hyun

여름에는?

Pedro

.... **en España hace mucho sol en verano.**

.... **.**

너는 이미 스페인은 여름에 해가 쨍쨍한 거 알잖아. 엄청 더워.

Hyun

¡Ja, ja! Sí, es verdad.

Por eso traigo .... **desde Corea.**

하하, 맞아. 그래서 내가 한국에서 선글라스를 가져왔잖아.

Pedro

Muy bien. .... **, debemos disfrutar**

mucho de la primavera.

잘했어. 여름이 되기 전에, 우리 봄을 많이 즐겨야 해.

Diálogo

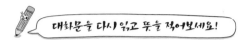
대화문을 다시 읽고 뜻을 적어보세요!

¡Hace muy buen tiempo!

....

Sí, está totalmente despejado. Por cierto, ¿qué haces normalmente en tu tiempo libre, Hyun?

....

Yo hago ejercicio. Normalmente corro por el parque. Pero cuando hace mal tiempo, hago yoga en casa. ¿Y tú?

....

Salgo con unos amigos para tapear. En invierno esquío en las montañas.

....

¡Oh, qué interesante! ¿Nieva mucho en España en invierno?

....

Depende de la región. Normalmente llueve en invierno y hace frío.

....

¿Y en verano?

Hyun

Ya sabes que en España hace mucho sol en verano.
Hace mucho calor.

Pedro

¡Ja, ja! Sí, es verdad.
Por eso traigo gafas de sol desde Corea.

Hyun

Muy bien. Antes del verano, debemos disfrutar mu-
cho de la primavera.

Pedro

 단어

tapear 타파스를 먹으러 가다
esquiar 스키다다
depender de ~에 달려 있다, 귀속되다

gafas de sol 선글라스
disfrutar de ~을 즐기다
Tienes razón 네 말이 옳아

Hablar

1

날씨가 좋습니다.	**Hace buen tiempo.**

날씨가 나쁩니다.　　　　　　　**Hace** mal tiempo.

날씨가 선선합니다.　　　　　　**Hace** fresco.

해가 쨍쨍합니다.　　　　　　　**Hace** sol.

바람이 붑니다.　　　　　　　　**Hace** viento.

2

구름이 꼈습니다.	**Hay nubes.**

안개가 꼈습니다.　　　　　　　**Hay** niebla.

태풍이 붑니다.　　　　　　　　**Hay** tormenta.

3

나는 매일 요가를 합니다.	**Hago yoga todos los días.**

나는 매일 운동을 합니다.　　　**Hago** ejercicio **todos los días.**

나는 매일 숙제를 합니다.　　　**Hago** los deberes **todos los días.**

나는 매일 침대 정리를 합니다.　**Hago** la cama **todos los días.**

1. 일기 예보를 듣고 해당하는 도시의 이름과 지도의 기호를 연결해보세요.

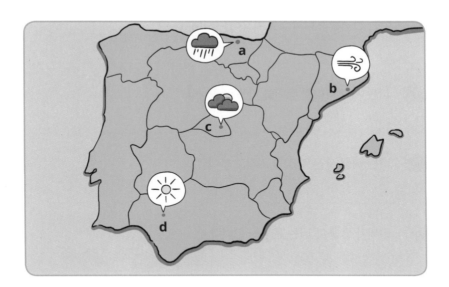

1) Madrid ....

2) Sevilla ....

3) Barcelona ....

4) Bilbao ....

2. saber와 conocer 동사 중 하나를 골라 문장을 완성해보세요.

1) Yo .... que ella es mexicana.

2) Yo .... al señor López desde muy pequeña.

3) Ellas .... tocar la guitarra.

4) José .... China pero no .... hablar chino.

3. 주어진 동사의 1인칭을 활용하여 문장을 작문해보세요.

1) salir   나는 친구들과 타파스를 먹으러 나갑니다.

....

2) poner   나는 사과 하나를 테이블 위에 놓습니다.

....

3) traer   나는 여행 사진 몇 장을 가지고 옵니다.

....

4) hacer   날씨가 좋을 때 나는 운동을 합니다.

....

정답

1. 1) c   2) d   3) b   4) a
   (듣기 : Pronóstico de hoy. En Madrid está nublado todo el día. En Bilbao hace frío y llueve un poco. En Barcelona hace mucho viento ahora, pero en Sevilla hace sol.)

2. 1) sé   2) conozco   3) saben   4) conoce, sabe

3. 1) Salgo con mis amigos para tapear.
   2) Pongo una manzana en la mesa.
   3) Traigo unas fotos del viaje.
   4) Hago ejercicio cuando hace buen tiempo.

중남미 여행지

마추픽추(Machu Picchu)

말레꼰(Malecón)

소금사막(Salar de Uyuni)

엘 찰텐(El Chaltén)

이과수 폭포(Catarata de Iguazú)

파타고니아 (Patagonia)

Vamos de vacaciones a Cuba.

우리는 쿠바로 휴가를 갑니다.

 # Vocabulario

autobús

m. 버스

metro

m. 지하철

avión

m. 비행기

barco

m. 배

tren

m. 기차

bicicleta

f. 자전거

Expresión y gramática

1. ir 동사

ir 가다	
voy	vamos
vas	vais
va	van

> **Tip** 'Vamos a + 동사원형'으로
> '(우리) ~하자'의 의미를 나타낼 수 있습니다.
> Vamos a bailar. (우리) 춤추자.
> Vamos a estudiar. (우리) 공부하자.

A : ¿Adónde vas?   너 어디 가니?

B : Voy a la casa de mi abuela.   나는 할머니 댁에 가.

Este autobús va al centro.   이 버스는 시내로 갑니다.

Él va a España para ver el partido de fútbol.   그는 축구 경기를 보기 위해 스페인에 갑니다.

- ir a + 동사원형 → (미래 표현) ~할 것이다, ~할 예정이다

Ellos van a estudiar español.   그들은 스페인어를 공부할 예정입니다.

Voy a ir al cine con mis amigos.   나는 친구들과 영화관에 갈 예정입니다.

¿Vais a viajar a Chile?   너희들은 칠레 여행을 할 예정이니?

2. dar 동사는 ir 동사와 동사변형이 비슷하니 함께 외워주세요.

dar 주다	
doy	damos
das	dais
da	dan

Ella da la clase de coreano.   그녀는 한국어 수업을 합니다.

Nosotros damos una fiesta del fin de curso.   우리는 학기 말 파티를 엽니다.

Roberto da unas flores a su novia.   로베르토는 그의 여자친구에게 꽃을 줍니다.

Unos cantantes coreanos dan concierto en Brasil.   몇몇 한국 가수가 브라질에서 콘서트를 엽니다.

3. 지시형용사, 지시대명사

스페인어의 지시형용사와 지시대명사는 형태가 동일합니다. 지시형용사는 이 집, 그 소녀, 저 가방 등과 같이 명사의 의미를 한정해주고, 지시대명사는 이것, 그것, 이 사람, 그 사람 등을 의미합니다.

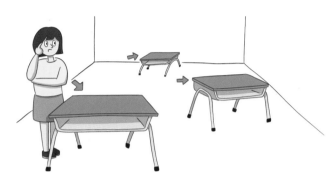

	남성		여성		중성 지시대명사
	단수	복수	단수	복수	
이/이것/이 사람	este	estos	esta	estas	esto
그/그것/그 사람	ese	esos	esa	esas	eso
저/저것/저 사람	aquel	aquellos	aquella	aquellas	aquello

1) 지시형용사일 경우에는 뒤에 함께 나오는 명사의 성, 수에 일치시켜줍니다.

Este libro es de Clara y esa mochila es de Elisa.

이 책은 클라라의 것이고 그 배낭은 엘리사의 것이다.

2) 지시대명사일 경우에는 단독으로 사용합니다.

Este es mi amigo David.   얘는 내 친구 다빗이야.

Aquel es el coche de mi padre.   저건 아버지의 자동차야.

3) 중성 지시대명사의 esto, eso, aquello는 각각 '이것', '그것', '저것'을 뜻하며 단수형만 존재합니다.

¿Qué es esto?   이것은 무엇입니까?

Es una muñeca tradicional de Guatemala.   과테말라의 전통 인형입니다.

Dictado

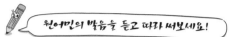

원어민의 발음을 듣고 따라 써보세요!

Pedro

¿_____ este fin de semana?

너는 이번 주말에 뭘 할 거야?

Hyun

Voy a ir a Valencia. Dicen que este sábado _____ las Fallas en Valencia.

나는 발렌시아에 갈 예정이야. 발렌시아에서 이번 주 토요일에 불꽃 축제가 열릴 거래.

Pedro

¡Oh, es verdad! ¿_____?

오, 맞아. 누구랑 갈 거야?

Hyun

Con mis amigos del curso de español. ¡_____!

스페인어 수업 친구들이랑. 소풍이야!

Pedro

Allí debes probar paella valenciana, _____ de esa ciudad.

거기서 발렌시아식 빠에야 맛 봐야 해, 그 도시의 전통 음식이거든.

Hyun

¡_____! Voy a reservar una mesa en un restaurante famoso. ¿Y tú? ¿Qué vas a hacer tú _____?

당연하지! 유명한 식당에 예약할 예정이야. 너는? 이번 주말에 뭘할 예정이야?

A lo mejor, voy a hacer un plan de viaje con Marga.
_____ **a Cuba este verano.**

아마도, 마르가랑 여행 계획을 짤 것 같아. 이번 여름에 우린 쿠바로 휴가 갈 예정이거든.

¡Hala! ¿Exactamente _____ **allí?**

우와! 정확히 언제 거기로 여행 갈 거야?

En julio. Vamos a estar en Cuba _____ **.**

7월에. 2주 동안 쿠바에 있을 예정이야.

¡ _____ **!**

부럽다!

Diálogo

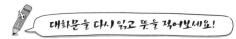
대화문을 다시 읽고 뜻을 적어보세요!

Pedro: ¿Qué vas a hacer este fin de semana?

....

Hyun: Voy a ir a Valencia. Dicen que este sábado van a celebrar las Fallas en Valencia.

....

Pedro: ¡Oh, es verdad! ¿Con quién vas a ir?

....

Hyun: Con mis amigos del curso de español.
¡Es una excursión!

....

Pedro: Allí debes probar paella valenciana,
un plato típico de esa ciudad.

....

Hyun: ¡Por supuesto!
Voy a reservar una mesa en un restaurante famoso.
¿Y tú? ¿Qué vas a hacer tú este fin de semana?

....

Pedro

A lo mejor, voy a hacer un plan de viaje con Marga.
Vamos de vacaciones a Cuba este verano.

Hyun

¡Hala! ¿Exactamente cuándo vais a viajar allí?

Pedro

En julio. Vamos a estar en Cuba por dos semanas.

Hyun

¡Qué envidia!

 단어

curso m. 코스, 수업	**reservar** v. 예약하다
excursión f. 소풍	**a lo mejor** adv. 아마도
probar v. 시험삼아 해보다, 맛보다	**envidia** f. 질투

Hablar

1

너 내일 뭐할 거야?   ¿Qué vas a hacer mañana?

너 이번 주말에 뭐할 거야?   ¿Qué vas a hacer este fin de semana?

너 다음 주에 뭐할 거야?   ¿Qué vas a hacer la próxima semana?

너 이번 방학에 뭐할 거야?   ¿Qué vas a hacer estas vacaciones?

로베르또는 그의 여자친구에게 꽃을 줍니다.   Roberto da unas flores a su novia.

그녀는 그녀의 엄마에게 선물을 줍니다.   Ella da un regalo a su madre.

우리는 아나의 생일파티를 엽니다.   Nosotros damos una fiesta de cumpleaños para Ana.

한국 가수들이 콘서트를 엽니다.   Los cantantes coreanos dan un concierto.

우리 멕시코로 여행 가자!   ¡Vamos a viajar a México!

우리 스페인어를 공부하자!   ¡Vamos a estudiar español!

우리 식당을 예약하자!   ¡Vamos a reservar el restaurante!

우리 발렌시아 빠에야를 맛보자!   ¡Vamos a probar la paella valenciana!

Autorreflexión

1. ir와 dar 동사 중 알맞은 것을 골라 문장을 완성해보세요.

1) ¿Adónde _____ Ud. este miércoles?

2) Nosotros _____ una fiesta de cumpleaños para Claudia.

3) Mis amigos _____ a visitar Barcelona.

4) Mi cantante favorito _____ un concierto mañana.

2. 녹음을 듣고 Marisol과 Juan이 가게 될 축제를 골라보세요.

①

②

③

3. 알맞은 지시사를 활용하여 그림에 해당하는 사물을 말해보세요.

1)

→ ....

2)

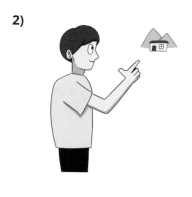

→ ....

3)

→ ....

4)

→ ....

1. 1) va   2) damos   3) van   4) da
2. ②
  (듣기 : Marisol : Juan, este fin de semana hay una
     fiesta famosa en Valencia.
     Juan : ¿La fiesta Las Fallas?
     Marisol : No es esa. Es la Tomatina. Van a lle-
     gar muchos turistas a Buñol, un pueblo de

Valencia.
Juan : Oh, ¡vamos a ir allí juntos!
Marisol : De acuerdo. Vamos a tirar muchos
   tomates.)
3. 1) estos libros   2) aquella casa   3) esa chica
   4) estas gafas

멕시코 죽은 자의 날 (Día de los muertos)

멕시코에서는 매년 10월 31일에서 11월 2일에 먼저 세상을 떠난 이들을 기억하기 위해 전통 행사를 엽니다. 제단을 꾸미고 퍼레이드를 하며 죽은 자들을 추모하지요. 바로 '죽은 자의 날(Día de los muertos)' 축제인데요. 이름만 들으면 자칫 무섭기도 하고, 어쩐지 슬프고 엄숙해야 할 것 같기도 한 날이지만, 사실 이날은 세상을 떠난 주변인들을 기억하는 의미 있는 날이면서 산 자와 죽은 자를 넘나들어 가족, 친구들이 함께 모이는 기쁜 날입니다. 멕시코 사람들은 세상을 먼저 떠난 가족, 친구들이 '죽은 자의 날'에 자신들의 곁으로 찾아온다고 믿습니다. 이들을 위한 제단에는 고인의 사진, 그들이 좋아했던 음식, 이름이 적힌 설탕

해골, 물, 꽃 등을 올려둡니다. 그중 해골 못지않게 죽은 자의 날의 트레이드 마크는 '메리골드'라는 꽃입니다. 이 꽃의 향기가 죽은 사람의 영혼을 이승으로 안내한다고 하여 이 꽃으로 제단을 장식한다고 합니다.

'기억'과 관련된 스페인어 노래, 영화 〈코코〉의 OST 중 하나인 'Recuérdame(나를 기억해줘요)' 노래를 들으며 왼쪽의 해골(calavera) 그림을 색칠해볼까요?

♬ ~ Recuérdame hoy me tengo que ir mi amor
Recuérdame, no llores por favor ~ ♪

Lección

—

11

Quiero comer pollo frito.

나는 치킨이 먹고 싶어.

Vocabulario

rojo

m. 빨강색

amarillo

m. 노랑색

verde

m. 초록색

azul

m. 파랑색

blanco

m. 하얀색

negro

m. 검정색

Expresión y gramática

1. 어간 변화 동사 1 (e → ie)

querer ~원하다, 좋아하다	
quiero	queremos
quieres	queréis
quiere	quieren

> **Tip** ① (사물) ~을 원하다
> ② (사람) ~을 사랑하다
> ③ (동사원형) ~을 하고 싶다
> querer + inf. ~ 하고 싶다

¿Quieres un café?　　　　　　　　　　너 커피를 원하니?

Te quiero muchísimo.　　　　　　　　너를 매우 사랑해.

Quiero comer el pollo frito de Corea.　나는 한국의 치킨이 먹고 싶어요.

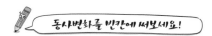 동사변화를 빈칸에 써보세요!

empezar 시작하다	
empiezo	empezamos
empiezas	empezáis
empieza	empiezan

pensar 생각하다	

entender 이해하다	

cerrar 닫다	

¿A qué hora empieza la película?　　　　　　　영화는 몇 시에 시작하나요?

Pienso ir a la fiesta de cumpleaños para Ana.　난 아나의 생일파티에 갈 생각이야.

No entiendo bien la última parte.　　　　　　마지막 부분이 잘 이해되지 않습니다.

El supermercado cierra a las nueve.　　　　　슈퍼마켓은 9시에 닫습니다.

· preferir ~을 선호하다　prefiero-prefieres-prefiere-preferimos-preferís-prefieren

Preferimos la cerveza al vino.

우리는 와인보다 맥주를 더 좋아합니다.

> **Tip** preferir A a B　A를 B보다 좋아하다

2. 전치형 소유형용사

전치형 소유형용사는 명사의 앞쪽에서 활용하여 명사에 대한 소유의 의미를 더해줍니다. 이때, 소유 형용사는 소유자의 성, 수에 일치시키는 것이 아니라 뒤에 나오는 명사의 성, 수에 일치시킨다는 점을 주의하세요.

	단수		복수	
	남성	여성	남성	여성
나의	mi		mis	
너의	tu		tus	
그의, 그녀의, 당신의	su		sus	
우리들의	nuestro	nuestra	nuestros	nuestras
너희들의	vuestro	vuestra	vuestros	vuestras
그들의, 그녀들의, 당신들의	su		sus	

mi casa 나의 집

tu hermano 너의 형제

nuestro hijo 우리의 아들

su libro 그녀의 책

su coche 그들의 차

mis casas 나의 집들

tus hermanos 너의 형제들

nuestras hijas 우리의 딸들

sus vasos 그녀의 컵들

su comida 당신들의 음식

A : **¿Cuál es tu color favorito?**

B : **Mi color favorito es el azul.**

네가 제일 좋아하는 색깔이 뭐야?

내가 제일 좋아하는 색깔은 파랑색이야.

A : **¿De quiénes son estos bolsos?**

B : **Todos son mis bolsos.**

이 가방들은 누구 것인가요?

모두 제 가방입니다.

Dictado

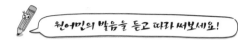
원어민의 발음을 듣고 따라 써보세요!

Camarera

Buenas tardes. ¿_____ ustedes?

좋은 오후입니다. 무엇을 원하시나요?

Pedro

Buenas tardes. Dos _____, por favor.

안녕하세요. 오늘의 메뉴 두 개 주세요.

Camarera

Muy bien. ¿Qué desean _____?

좋습니다. 첫 번째 요리로 무엇을 원하세요?

Marga

De primero, _____.

첫 번째로, 러시아 샐러드요.

Pedro

Yo _____ gazpacho.

저는 가스파초요.

Camarera

¿Y de segundo?

두 번째로는요?

Marga

_____,

por favor.

구운 닭 주세요.

Menú del día

Primeros
Ensalada rusa
Paella
Gazpacho

Segundos
Pollo asado
Filete de ternera
Huevos con chorizo

Postres
Flan
Fruta del tiempo
Tarta de manzana

11,50€
con IVA
incluido
pan y bebida

Bebidas
Vino / Sangría
/ Cerveza
Agua / Refrescos

Pedro

Yo también lo mismo, por favor.

저도 같은 걸로 주세요.

Camarera

¿Y _____?

마실 것은요?

Marga

Una _____ grande para compartir.
¿Está bien, Pedro? ¿_____ de beber?

나눠 마실 수 있게 물 큰 것으로 한 병이요. 괜찮아, 뻬드로? 뭐 더 마실 것 원해?

Pedro

_____ tomar vino…

나는 와인이 더 좋은데…

Camarera

Bueno, agua y vino. ¿Y _____?

알겠습니다, 물이랑 와인이요. 후식은요?

Marga

Quiero tarta de manzana.

저는 사과 타르트요.

Pedro

_____, por favor.

저는 푸딩 주세요.

Camarera

Perfecto.

좋습니다.

Diálogo

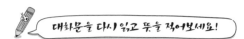

대화문을 다시 읽고 뜻을 적어보세요!

Camarera

Buenas tardes. ¿Qué desean ustedes?

Pedro

Buenas tardes. Dos menús del día, por favor.

Camarera

Muy bien. ¿Qué desean de primero?

Marga

De primero, ensalada rusa. [1]

Pedro

Yo quiero gazpacho. [2]

Camarera

¿Y de segundo?

Marga

[3] **Pollo asado, por favor.**

Pedro

Yo también lo mismo, por favor.

Camarera

¿Y para beber?

 Marga

Una botella de agua grande para compartir.
¿Está bien, Pedro? ¿Quieres algo más de beber?

 Pedro

Prefiero tomar vino⋯

 Camarera

Bueno, agua y vino. ¿Y de postre?

 Marga

Quiero tarta de manzana.

 Pedro

4)
Flan, por favor.

 Camarera

Perfecto.

1) ensalada rusa
러시아식 샐러드

2) gazpacho
가스파초(차가운 수프)

3) pollo asado
구운 닭 요리

4) flan
푸딩

Hablar

1

첫 번째 요리로는, 샐러드 주세요. **De primero, ensalada, por favor.**

첫 번째 요리로는, 오늘의 수프 주세요. De primero, sopa del día, por favor.

두 번째 요리로는, 소고기 스테이크 주세요. De segundo, filete de ternera, por favor.

후식으로는 아이스크림 주세요. De postre, helado, por favor.

2

나는 한국의 치킨이 먹고 싶어요. **Quiero comer pollo frito de Corea.**

나는 스페인의 빠에야가 먹고 싶어요. Quiero comer paella de España.

나는 멕시코의 타코가 먹고 싶어요. Quiero comer tacos de México.

나는 페루의 세비체가 먹고 싶어요. Quiero comer ceviche de Perú.

3

나는 와인보다 맥주를 더 좋아해요. **Prefiero la cerveza al vino.**

나는 오렌지보다 사과를 더 좋아해요. Prefiero la manzana a la naranja.

나는 차보다 커피를 더 좋아해요. Prefiero el café al té.

나는 아침 먹는 것보다 더 자는 것을 선호해요. Prefiero dormir más a desayunar.

Autorreflexión

1. 다음 대화의 빈칸에 알맞은 전치형 소유형용사를 써보세요.

1) A : ¿Dónde están mis llaves?

B : .... llaves están sobre la mesa.

2) A : ¿Los padres de Silvia son médicos?

B : No son médicos. .... padres son funcionarios.

3) A : ¿Vuestros hijos están en Seúl?

B : .... hijos están en Estados Unidos.

2. 녹음을 듣고 Flavia가 말한 순서대로 그림을 나열해보세요.

①

②

③

3. 여러분의 나라나 도시의 대표적인 음식에 대해 짧게 소개하는 글을 스페인어로 써보세요.

🖊 *En mi ciudad, los platos más típicos son...* _____

_____

_____

_____

_____

_____

_____

_____

_____

_____

_____

1. 1) Tus   2) sus   3) Nuestros
2. ② → ① → ③
   (듣기 : Yo soy Flavia. Empiezo el día muy temprano. Yo trabajo en una escuela de idiomas. Yo soy profesora de alemán. Los estudiantes a veces no entienden muy bien el alemán pero estudian mucho. Después de terminar las clases, pienso ir al gimnasio para hacer yoga. Prefiero hacer ejercicio a estar en casa.)
3. 자유롭게 작성

우리 오늘 타파스 먹으러 갈까?

※ 읽기 전에, 다음의 단어에 해당하는 알맞은 뜻을 찾아 연결해보세요.

① tapar • • Ⓐ 타파스를 맛보러 다니다

② polvo • • Ⓑ 덮다, 막다

③ mosca • • Ⓒ 먼지

④ tapear • • Ⓓ 파리

타파스는 스페인의 식당이나 바(bar)에서 마실 것을 주문하면 관행상 무료로 주는 적은 양의 음식을 말합니다. 바게트 빵 위에 소스를 곁들인 소량의 음식, 올리브 열매, 하몬, 또르띠야 등을 올리는 것이 일반적인데요. 항상 공짜는 아니니까 너무 좋아하지는 마세요. 바르셀로나와 같은 대도시에서는 마실 것과 함께 별도로 타파스를 주문해야 합니다.

타파스의 어원은 '덮다', '가리다'라는 스페인어 동사 'tapar'에서 온 것으로 먼지(polvo)나 파리(mosca)가 음료에 들어가지 못하도록 컵이나 잔의 윗부분을 빵으로 덮어두는 오랜 관습에서 비롯된 말입니다. 요즘에는 타파스만을 전문적으로 연구하고 만들어 파는 식당들이 있으며, 이 식당들만을 투어하기 위해 스페인을 찾는 관광객들도 있다고 하니, 타파스가 스페인의 하나의 문화로 자리 잡았다고 해도 과언이 아닙니다. 스페인어에 '타파스를 맛보러 다니다'라는 동사 'tapear'가 있을 정도이니 타파스를 먹는 행위는 단지 음식을 먹는 행위를 넘어 스페인 사람들에게는 지인들과 소통하고 즐길 수 있는 삶의 일부인 것이지요. 스페인어 공부를 열심히 한 오늘 저녁, 우리 모두 타파스 먹으러 갈까요?

타파스

Ellos piden tortilla.

그들은 또르띠야를 주문합니다.

Vocabulario

copa
잔

sal
소금

palillos
젓가락

cuchara
숟가락

plato
접시

servilletas
냅킨

tenedor
포크

cuchillo
나이프

vinagre
식초

aceite de oliva
올리브유

mantel
식탁보

vaso
컵

Expresión y gramática

1. 어간변화 동사 2 (e → i)

pedir 요청하다, 주문하다	
pido	pedimos
pides	pedís
pide	piden

Te pido perdón.　　　　　　　　　　　　　　　　너에게 사과할게.

Pido una caña al camarero.　　　　　나는 웨이터에게 생맥주를 주문합니다.

동사변화를 빈칸에 써보세요!

repetir 반복하다	
repito	repetimos
repites	repetís
repite	repiten

competir 경쟁하다	

elegir 고르다, 선택하다	

servir 봉사하다, 시중들다, 사용하다	

El profesor repite la pregunta.　　　　　　　선생님이 질문을 반복하신다.

Los estudiantes de Corea compiten mucho.　　한국의 학생들은 경쟁을 많이 합니다.

Ella elige la corbata roja para su padre.　그녀는 아버지를 위해 빨간 넥타이를 고른다.

La camarera sirve unos cafés a los clientes.　　종업원이 손님들에게 커피를 내온다.

Esta máquina sirve para copiar e imprimir.　이 기계는 복사하고 인쇄하는 데 사용합니다.

- decir 말하다　digo-dices-dice-decimos-decís-dicen

  El niño no dice la verdad.　　　　　　　　　아이는 진실을 말하지 않는다.

2. 소유사 2 (후치형)

단수		복수	
남성	여성	남성	여성
mío	mía	míos	mías
tuyo	tuya	tuyos	tuyas
suyo	suya	suyos	suyas
nuestro	nuestra	nuestros	nuestras
vuestro	vuestra	vuestros	vuestras
suyo	suya	suyos	suyas

1) 명사 뒤에서 꾸며주며, 가리키는 명사의 성, 수에 일치시켜줍니다.

¡Dios mío!	신이시여! (=Oh my God!)
¡Madre mía!	엄마야! (어머나!)
Voy con un amigo mío.	나는 내 친구와 갑니다.

2) ser 동사와 함께 단독으로 쓰이며 소유 관계를 나타냅니다.

A : ¿Este coche es suyo, señor Lee?	이 자동차는 당신 건가요, 이 선생님?
B : No, no es mío.	아뇨, 제 것이 아닙니다.

A : ¿De quién es esta camisa?	이 셔츠 누구 거예요?
B : Es mía.	제 것입니다.

3) 정관사(el, la, los, las) + 후치형 소유형용사 = 소유대명사

A : Aquí están mis libros. ¿Dónde están los tuyos?	내 책들은 여기에 있어. 네 것은 어디에 있니?
B : Los míos están allí.	내 것은 저기에 있어.

Dictado

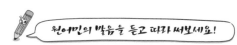

Pedro

Hyun, ¿＿＿＿＿＿＿ soy un buen cocinero de ＿＿＿＿＿＿

＿＿＿＿＿＿＿＿＿＿ ?

현, 내가 감자 또르띠야 엄청 잘 만드는 거 알아?

Hyun

¡Ja, ja, ja! ¿Es verdad? ¡Pues cocíname una!

하하하, 진짜? 그럼 하나 만들어줘!

Pedro

¡Vale! ¿＿＿＿＿＿＿＿ tortilla prefieres?

¿Tortilla con ＿＿＿＿＿ o tortilla con ＿＿＿＿＿＿ ?

좋아! 어떤 또르띠야를 원해? 양파 넣은 거, 아니면 초리소 넣은 거?

Hyun

Es difícil ＿＿＿＿＿ una… umm…

＿＿＿＿＿＿＿＿ tortilla con cebolla.

하나만 고르기가 어렵네… 음… 난 양파 넣은 또르띠야를 먹어보고 싶어.

Pedro

Perfecto.

좋아

[…]

Hyun

Pedro, ¿＿＿＿＿＿＿＿＿ ? ¿Te ayudo?

뻬드로, 시간 더 걸려? 도와줄까?

Pedro

Ya está. Es hora de ＿＿＿＿＿＿＿ a la tortilla.

다 했어. 이제 또르띠야를 뒤집어야 할 때야.

152

Muy bien. Que tengas suerte. [···] ¡................................!

잘됐다. 행운을 빌어. [···] 이럴 수가!

¡................................! Siempre es muy difícil voltear la tor-tilla. ...., Hyun. Ahora mismo cocino otra vez.

엄마야! 또르띠야 뒤집는 것은 늘 어렵더라. 미안해, 현. 지금 바로 다시 만들게.

................................, Pedro. Gracias por tu esfuerzo. De verdad, ... tanto.

아니야, 뻬드로. 열심히 만들어줘서 고마워. 진짜로, 그렇게 마음 쓰지 않아도 돼.

Diálogo

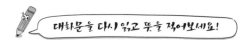
대화문을 다시 읽고 뜻을 적어보세요!

Pedro: Hyun, ¿sabes que soy un buen cocinero de tortilla de patatas?

....

Hyun: ¡Ja, ja, ja! ¿Es verdad? ¡Pues cocíname una!

....

Pedro: ¡Vale! ¿Qué tipo de tortilla prefieres?
¿Tortilla con cebolla o tortilla con chorizo?[1]

....

Hyun: Es difícil elegir una··· umm···
Quiero probar tortilla con cebolla.

....

Pedro: Perfecto.

....

[···]

Hyun: Pedro, ¿tarda más tiempo? ¿Te ayudo?

....

Pedro: Ya está. Es hora de dar la vuelta a la tortilla.

....

Hyun

Muy bien. Que tengas suerte. […] ¡Dios mío!

Pedro

¡Madre mía! Siempre es muy difícil voltear la tortilla.
Lo siento, Hyun. Ahora mismo cocino otra vez.

Hyun

No pasa nada, Pedro. Gracias por tu esfuerzo.
De verdad, no te preocupes tanto.

1) chorizo 초리소(스페인식 소시지)

 단어

cocinero(-a) 요리사	**dar la vuelta** 돌다, 돌리다
cebolla 양파	**voltear** 뒤집다
tardar (시간이)들다, 걸리다	

Hablar

1

| 우리 피자를 주문하면 어때? | **¿Qué tal si pedimos una pizza?** |

우리 함께 공부하면 어때?　　　**¿Qué tal si estudiamos juntos?**

우리 사진 한 장 찍으면 어때?　　**¿Qué tal si tomamos una foto?**

우리 잠깐 쉬면 어때?　　　　　**¿Qué tal si descansamos un rato?**

2

| 공부할 시간이야. | **Es hora de estudiar.** |

테마를 바꿀 시간이야.　　　　　**Es hora de cambiar el tema.**

시험 준비를 할 시간이야.　　　　**Es hora de preparar el examen.**

집으로 돌아갈 시간이야.　　　　**Es hora de volver a casa.**

3

| 어떤 종류의 또르띠야를 선호해? | **¿Qué tipo de tortilla prefieres?** |

어떤 종류의 셔츠를 선호해?　　　**¿Qué tipo de camisa prefieres?**

어떤 종류의 신발을 선호해?　　　**¿Qué tipo de zapatos prefieres?**

어떤 종류의 커피를 선호해?　　　**¿Qué tipo de café prefieres?**

Autorreflexión

1. 괄호 안의 우리말에 해당하는 소유대명사를 빈칸에 써보세요.

   1) Mi diccionario está en la mesa. ¿Dónde está _____ _____? (너의 것)

   2) Nuestras flores están aquí. ¿Dónde están _____ _____? (너희들의 것)

   3) María tiene un móvil moderno. _____ _____ también es moderno. (나의 것)

2. 주어진 동사를 알맞게 변화하여 문장을 완성하세요.

   1) A : ¿Para qué _____ esto? (servir)

      B : _____ para ver videos. (servir)

   2) La historia se _____. (repetir)

   3) Los jugadores _____ para ganar el primer premio. (competir)

   4) ¿Por qué no _____ tú la verdad? (decir)

   5) A : ¿Qué tipo de película _____, Sofía? (preferir)

      B : Yo _____ las películas de terror. (preferir)

3. 대화를 듣고 Enrique와 Rocío가 주문할 것이 아닌 것을 골라보세요.

①

②

③

4. 주어진 단어의 의미를 바르게 연결해보세요.

1) cuchillo ·   · ① 생맥주

2) caña ·   · ② 식초

3) vinagre ·   · ③ 식탁보

4) mantel ·   · ④ 칼

✅ 정답

1. 1) el tuyo   2) las vuestras   3) El mío
2. 1) sirve, sirve   2) repite   3) compiten   4) dices
   5) prefieres, prefiero
3. ①
   (듣기 : Enrique : Rocío, este domingo es el día de
   los padres. ¿Qué compramos para nuestros pa-
   dres?

Rocío : ¿Qué tal si pedimos camisetas por Internet?
Enrique : Muy buena idea. Dicen que tarda solo 2
días. ¡Qué rápido!
Rocío : También pedimos un pastel de chocolate a
domicilio.
Enrique : De acuerdo.)
4. 1) ④   2) ①   3) ②   4) ③

같고도 다른 또르띠야 이야기
(Tortilla)

또르띠야

'스페인식 오믈렛'과 같이 자주 소개되는 '또르 띠야 데 빠따따스(tortilla de patatas)'는 계란과 감 자를 가지고 만드는 평범하고 일상적인 스페인 음 식입니다. 계란을 풀고, 얇게 또는 잘게 썬 감자와 기호에 따라 양파 또는 초리소 등을 넣은 후 후라 이팬에 그대로 부어서 두껍게 부쳐내는데요. 팬케 이크나 부침개처럼 얇게 부치는 것이 아니라 후라 이팬의 윗부분까지 거의 가득 차게 재료를 부어서 만드므로 익힌다는 표현이 더 맞을 것 같습니다. 그래서 두께나 모양도 마치 케이크에 데코레이션하기 전, 기본 빵의 모습과 흡사합니다. 또르 띠야만을 식사로 먹기도 하고 타파스로 한 조각을 먹기도 하며 바게트 빵에 끼워 보가디요 (스페인식 샌드위치)로 만들어 먹기도 합니다.

이쯤 되면 아마 알고 있던 또르띠야와 다른 '또르띠야'의 이야기에 어리둥절한 학생들이 있을 텐데요. 이는 스페인의 또르띠야와 중남미에서 지시하는 또르띠야가 다른 음식이기 때 문입니다. 중남미 또르띠야는 옥수수(maíz) 반죽으로 만든 얇은 전병을 익힌 것으로 타코, 퀘사디야, 부리또 등의 기본 재료인 얇은 피를 지칭합니다. 난이나 만두피와 비슷한 개념을 떠올리면 쉽게 이해할 수 있을 거예요. 이렇게나 다른 두 개의 또르띠야가 서로 같은 이름을 가지게 된 것은 음식의 동그란 모양 때문입니다. 'tortilla'는 동그란 케이크, 파이를 뜻하는 스페인어 'torta'에 '-illa'라는 축소사가 붙어 '작고 둥근 덩어리', '작은 케이크'를 뜻하는 말 이 되었어요. 그러므로 스페인과 중남미의 또르띠야는 모양이 동그랗다는 점과 일상적이고 전형적인 음식으로 각 국가에서 대중들이 자주 먹는 음식이란 점은 같지만 재료와 맛에 있 어서는 판이하게 다르답니다. 이와 비슷하게 스페인어권 친구들에게 소개할 만한 한국식 또 르띠야가 있을까요? 머릿속에 떠오르는 음식이 있다면 노트에 짤막하게 스페인어로 음식 소 개를 적어보세요!

¿Puedo abrir la ventana?

창문을 열어도 될까요?

Vocabulario

fútbol

m. 축구

baloncesto

m. 농구

béisbol

m. 야구

voleibol

m. 배구

natación

f. 수영

buceo

m. 잠수

Expresión y gramática

1. 어간변화 동사 3 (o/u → ue)

jugar	~놀다, 운동경기를 하다
juego	jugamos
juegas	jugáis
juega	juegan

El bebé **juega** con los perros en el jardín.

Juego al béisbol los fines de semana.

¿Con qué país **juega** la selección coreana?

아이가 정원에서 강아지들과 놀고 있다.

나는 주말마다 야구 경기를 한다.

한국 대표팀은 어느 나라와 경기하나요?

동사변화를 빈칸에 써보세요!

volver	돌아가다, 돌아오다
vuelvo	volvemos
vuelves	volvéis
vuelve	vuelven

dormir	자다

costar	비용이 ~들다

recordar	기억하다

¿Cuándo **vuelven** tus padres de España?

¿Cuántas horas **duerme** normalmente Ud.?

네 부모님은 스페인에서 언제 돌아오시니?

당신은 보통 몇 시간 자나요?

A : ¿Cuánto **cuesta** la entrada?

B : **Cuesta** veinte euros.

입장권이 얼마인가요?

20유로입니다.

A : ¿**Recuerdas** mi nombre?

B : Lo siento pero no lo **recuerdo**.

너 내 이름 기억하니?

미안하지만 기억이 나지 않아.

2. poder 동사의 용법

poder ~할 수 있다	
puedo	podemos
puedes	podéis
puede	pueden

1) ~할 수 있다

¿Podéis hablar español?　　　　　　　　너희들 스페인어 말할 수 있어?

Ella puede terminar el trabajo pronto.　　　그녀는 곧 일을 끝낼 수 있다.

Ya no puedo estudiar hasta muy tarde.　　나는 이제 너무 늦게까지 공부할 수 없다.

2) 허락 구하기 : ~해도 될까요?

¿Puedo abrir la ventana?　　　　　　　　창문을 열어도 될까요?

¿Puedo estudiar con Marta en casa?　　마르타랑 집에서 공부해도 될까요?

3) 부탁하기 : ~해줄 수 있어요?

¿Puedes bajar el volumen un poco, por favor?　　볼륨을 조금 낮춰줄 수 있어?

¿Podéis esperar un momento, por favor?　　너희들 잠시만 기다려줄 수 있어?

4) 일반적 가능 여부 나타내기

¿Se puede llevar el folleto?　　　　　　팸플릿 가져가도 되나요?

¿Se puede entrar por aquí?　　　　　　여기로 들어가도 되나요?

Dictado

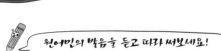
원어민의 발음을 듣고 따라 써보세요!

¡Qué chula la _____!

축구 티셔츠 진짜 예쁘다!

¿A que sí? ¡_____!

그렇지? 새 옷이야!

Yo también quiero comprar una. ¿_____?

나도 하나 사고 싶어. 얼마야?

Es un poco cara. Cuesta casi 200 euros _____. Por cierto, Hyun, _____ empieza el partido entre El Real Madrid y El FC Barce-lona. ¿_____ lo vemos juntos?

조금 비싸. 뒤에 이름 새기는 것까지 해서 거의 200유로거든. 그건 그렇고, 현, 5분 뒤에 레알 마드리드랑 FC 바르셀로나 경기가 시작해. 같이 보지 않을래?

¿No recuerdas que _____ al fútbol? ¡Claro que sí!

너 내가 축구 왕팬이라는 거 기억 안 나? 당연하지!

Hoy seguro que _____ El Real Madrid. ¡Hala Madrid!

오늘은 분명히 레알 마드리드가 이길 거야! 알라 마드리드!

Hyun

¡_____! El FC Barcelona _____. ¡Força Barça!

그럴 리가! FC 바르셀로나가 얼마나 경기를 잘하는데. 포르사 바르사!

Pedro

Hyun, ya pareces _____. ¡Ja, ja, ja!

현, 너 이제 꼭 스페인 사람 같다. 하하하!

Marga

¡Chicos! Lo siento pero, ¿_____,

por favor? Es tan ruidoso que no puedo dormir.

얘들아! 미안하지만, 작은 목소리로 말해줄래? 너무 시끄러워서 잠을 잘 수가 없어.

Pedro y Hyun

Uy… ¡Lo siento, Marga!

아이고 미안해, 마르가!

Diálogo

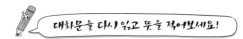
대화문을 다시 읽고 뜻을 적어보세요!

Hyun: ¡Qué chula la camiseta de fútbol!

....

Pedro: ¿A que sí? ¡Es nueva!

....

Hyun: Yo también quiero comprar una. ¿Cuánto cuesta?

....

Pedro: Es un poco cara. Cuesta casi 200 euros con el nombre detrás. Por cierto, Hyun, dentro de cinco minutos empieza el partido entre El Real Madrid y El FC Barcelona. ¿Por qué no lo vemos juntos?

....

....

Hyun: ¿No recuerdas que yo soy gran aficionada al fútbol? ¡Claro que sí!

....

Pedro: Hoy seguro que va a ganar El Real Madrid. ¡Hala Madrid!

....

Hyun

¡Qué va! El FC Barcelona juega muy bien. ¡Força Barça!

 Pedro

Hyun, ya pareces una española. ¡Ja, ja, ja!

 Marga

¡Chicos! Lo siento pero, ¿podéis hablar en voz baja, por favor? Es tan ruidoso que no puedo dormir.

 Pedro y Hyun

Uy… ¡Lo siento, Marga!

 단어

chulo(-a)   adj. 예쁜, 개성 있는

¿A que sí?   (긍정문에 대한 동의로) 그렇지?

aficionado(-a)   adj. 열중하는 m.f. 애호가, 마니아, 팬

hablar en voz baja   작은 목소리로 말하다

ruidoso(-a)   adj. 시끄러운

Hablar

 1

| 내 아들은 농구를 매우 잘합니다. | **Mi hijo juega al baloncesto muy bien.** |

나의 시어머니는 골프를 매우 잘 칩니다.　Mi suegra **juega** al golf **muy bien.**

우리는 축구를 매우 잘합니다.　Nosotros jugamos al fútbol **muy bien.**

그들은 테니스를 매우 못 칩니다.　Ellos juegan al tenis **muy** mal.

2

| 더 천천히 말해줄 수 있어? | **¿Puedes hablar más despacio?** |

더 크게 말해줄 수 있어?　¿Puedes hablar más alto?

더 조용히 말해 줄 수 있어?　¿Puedes hablar más bajo?

더 명확하게 말해줄 수 있어?　¿Puedes hablar más claro?

3

| (일반적으로) 무료로 들어갈 수 있나요? | **¿Se puede entrar gratis?** |

테라스에서 식사해도 되나요?　¿Se puede comer en terraza?

여기에 주차해도 되나요?　¿Se puede aparcar aquí?

집으로 음식을 싸 가도 되나요?　¿Se puede llevar la comida a casa?

* 보통 Take-out 상황에서 사용됩니다.

Autorreflexión

1. 대화문의 마지막에 남자가 부탁할 말로 알맞은 말을 골라보세요.

> A: Perdone, ¿sabe usted dónde está el baño?
>
> B: Claro que sí. Está al fondo del pasillo.
>
> A: Lo siento pero,_____.

① ¿Puede hablar más rápido?

② ¿Puede repetir otra vez?

③ ¿Puede hablar en voz baja?

2. 보기의 동사를 한 번씩 사용하여 문장을 완성해보세요.

> <보기> empezar costar volver pedir elegir cerrar

1) ¿Cuánto _____ los calcetines?

2) ¿Por qué no _____ a casa temprano, Claudia?

3) El concierto _____ dentro de diez minutos.

4) Yo _____ al candidato tres.

5) Lidia _____ la puerta con cuidado.

6) Roberto siempre _____ café con leche para el desayuno.

3. 녹음과 관련없는 그림을 골라보세요.

①

②

③

1. ②
2. 1) cuestan 2) vuelves 3) empieza
   4) elijo 5) cierra 6) pide
3. ③
   (듣기 : Todos los domingos juego al baloncesto con mis amigos. Pero este domingo no puedo jugar al baloncesto porque voy a la playa con mi familia y vuelvo a casa por la noche. Es el cumpleaños de mi hermana.)

스페인의 축구 엘 클라시코(El Clásico)

　엘 클라시코는 스페인 라리가의 두 팀, FC 바르셀로나와 레알 마드리드 사이의 더비 경기를 가리키는 용어입니다. 여기서 'clásico'는 스페인어로 '전통의', '고전의'를 뜻하는데요. 축구 경기 중에서도 '모범이 되는 경기', '고전적인 명승부', '전통의 승부'를 지칭하는 표현이라고 이해할 수 있습니다. 구단의 이름에서 알 수 있듯이 FC 바르셀로나는 스페인 카탈루냐 주의 바르셀로나를 연고지로 하고, 레알 마드리드는 스페인의 수도 마드리드를 연고지로 하는 팀입니다. 레알 마드리드는 초기에 'FC 마드리드'라는 이름으로 활동했으나 국왕 알폰소 13세로부터 '왕실의'를 뜻하는 'Real' 칭호를 받아 구단명에 사용할 만큼 왕실의 사랑을 받은 팀인 반면, 스페인으로부터 독립을 원하는 카탈루냐 주의 FC 바르셀로나는 스페인 내전 이후 프랑코 독재 기간에 정권으로부터 위협을 받기도 했습니다. 이렇게 두 지역 팀의 경기는 단순한 축구 경기를 넘어 정치적, 계급적 갈등의 성격을 띠게 되고 경쟁도 치열해졌습니다.

　양 팀을 거쳐간 스타들의 이력도 참 화려한데요. 바르셀로나에서 뛰었던 스타 플레이어는 요한 크루이프, 호셉 과르디올라, 메시와 같은 선수들이 있고요. 레알 마드리드 출신 선수로 카시야스, 지단, 호날두 등이 있습니다. 두 팀의 치열한 경쟁만큼, 경기가 있는 날 두 팀을 응원하는 팬들의 응원 목소리도 만만치 않은데요. 여러분이 응원하는 팀은 어디인가요?

Tienes que ir al médico.

너는 병원에 가야만 해.

Vocabulario

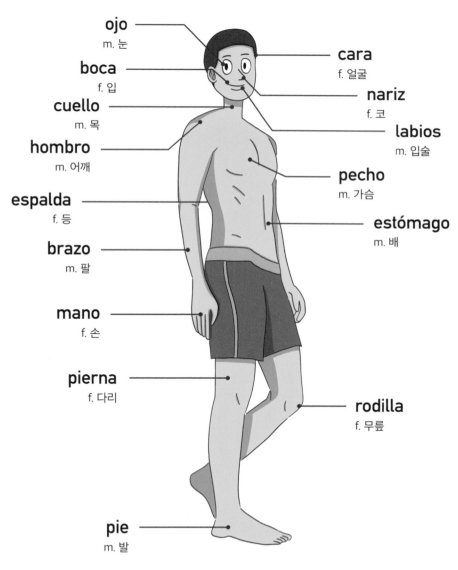

ojo
m. 눈

boca
f. 입

cuello
m. 목

hombro
m. 어깨

espalda
f. 등

brazo
m. 팔

mano
f. 손

pierna
f. 다리

pie
m. 발

cara
f. 얼굴

nariz
f. 코

labios
m. 입술

pecho
m. 가슴

estómago
m. 배

rodilla
f. 무릎

Expresión y gramática

1. tener 동사

tener 가지다	
tengo	tenemos
tienes	tenéis
tiene	tienen

¿Cuántos años tienes?	넌 몇 살이니?
Tengo veintiséis años.	나는 26살이야.
No tenemos tiempo para hacer ejercicio.	우리는 운동할 시간이 없어요.
Carmen tiene un hermano mayor.	까르멘은 오빠가 한 명 있습니다.

2. tener + 명사 : 주어의 상태 표현하기

tener +	hambre f. 배고픔	sed f. 갈증
	frío m. 추위	calor m. 더위
	sueño m. 잠, 졸음, 꿈	miedo m. 공포
	fiebre f. 열	suerte f. 행운
	dolor m. 고통	

Tengo mucha hambre.	나 매우 배고파.
¿No tenéis sueño?	너희들 안 졸리니?
Tengo dolor de cabeza toda la semana.	이번 주 내내 머리가 아파요.
No tengo suerte en los exámenes.	저는 시험 운이 없어요.

3. 의무와 필요 표현하기

1) tener que + 동사원형 : 개인의 의무나 필요를 말할 때

Tengo que hacer la tarea.   나는 숙제를 해야 합니다.

Tenemos que limpiar la habitación.   우리는 방 청소를 해야 합니다.

No tenéis que hacer cola.   너희들 줄 설 필요 없어(줄을 서지 않아도 돼).

2) deber + 동사원형 : 개인 또는 공공의 의무를 말할 때

Debes terminar este trabajo para el viernes.   너는 이 일을 금요일까지 끝내야 해.

Debéis estar en casa a las once.   너희들 11시까지 집에 돌아와야 해.

No debes tomar café por la noche.   밤에 커피를 마셔서는 안 돼.

3) hay que + 동사원형 : 공공의 의무나 상식적인 것을 말할 때

Hay que hablar en voz baja en la biblioteca.   도서관에서는 조용히 말해야 합니다.

Hay que hacer ejercicio por la salud.   건강을 위해 운동을 해야 합니다.

No hay que fumar mucho.   담배를 많이 피워서는 안 됩니다.

Dictado

 원어민의 발음을 듣고 따라 써보세요!

Doctor

Buenas tardes. ¿_____?

안녕하세요. 무슨 일이신가요?

Marga

Buenas tardes, doctor. _____.

Tengo mucho frío y _____ desde ayer.

안녕하세요, 선생님. 제가 상태가 안 좋아요. 어제부터 너무 춥고 목이 아파요.

Doctor

_____. Abre la boca y di "ah-". No es grave pero

_____ y tienes _____ también.

어디 봅시다. 입을 벌리고 아- 해보세요. 심각한 건 아니지만 감기에 걸리셨고 열도 조금 있네요.

Marga

¿Qué debo hacer?

제가 뭘 해야 할까요?

Doctor

Hoy _____ y descansar

bastante. _____ ni beber alcohol.

Te receto estas pastillas.

오늘은 약을 먹고 충분히 쉬어야만 합니다. 담배를 피거나 술을 드셔서는 안 되고요.

이 약들을 처방해드릴게요.

Marga

¿Tengo que tomar algo más?

더 먹어야 하는 게 있나요?

Doctor

Sí, _____ antes de dormir.

네, 이 시럽을 잠들기 전에 드셔야 해요.

176

Marga

Vale.

알겠습니다.

Doctor

Para _____ **el resfriado, hay que** _____ _____ **y hacer ejercicio normalmente.**

감기를 예방하기 위해서 평소에 비타민을 섭취하고 운동을 해야 합니다.

Marga

Es verdad. Es importante _____.
Gracias, doctor.

맞아요. 건강을 관리하는 건 중요하죠. 감사합니다, 선생님.

Diálogo

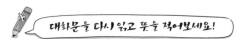
대화문을 다시 읽고 뜻을 적어보세요!

Buenas tardes. ¿Qué te pasa?

....

Buenas tardes, doctor. No estoy muy bien.
Tengo mucho frío y tengo dolor de garganta desde ayer.

....

Vamos a ver. Abre la boca y di "ah-". No es grave pero
estás resfriada y tienes un poco de fiebre también.

....

....

¿Qué debo hacer?

....

Hoy debes tomar unas pastillas y descansar bastante.
No debes fumar ni beber alcohol. Te receto estas pastil-
las.

....

....

¿Tengo que tomar algo más?

....

Doctor

Sí, tienes que tomar este jarabe antes de dormir.

Marga

Vale.

Doctor

Para prevenir el resfriado, hay que tomar vitaminas y hacer ejercicio normalmente.

Marga

Es verdad. Es importante cuidar la salud. Gracias, doctor.

 단어

di decir 동사의 2인칭 명령형
recetar 처방하다

pastilla 알약
jarabe 시럽

Hablar

1

| 나는 매우 배가 고파요. | **Tengo mucha hambre.** |

나는 매우 목이 말라요.   **Tengo mucha** sed.

나는 매우 졸려요.   **Tengo** mucho sueño.

나는 매우 무서워요.   **Tengo** mucho miedo.

2

| 나는 머리가 아파요. | **Tengo dolor de cabeza.** |

나는 등이 아파요.   **Tengo dolor de** espalda.

마누엘은 배가 아파요.   Manuel tiene **dolor de** estómago.

할머니는 무릎이 아파요.   La abuela **tiene dolor de** rodillas.

3

| 담배를 피우거나 술을 마셔서는 안됩니다. | **No debes fumar ni beber alcohol.** |

커피를 마시거나 과음해서는 안됩니다.   **No debes** tomar café **ni beber** mucho.

잡담하거나 휴대폰을 사용해서는 안됩니다.   **No debes** charlar **ni** usar el móvil.

잠을 자거나 음식을 먹어서는 안됩니다.   **No debes** dormir **ni** comer.

Autorreflexión

1. 예시와 같이 tener 동사를 사용하여 그림에 알맞게 문장을 작문해보세요.

예시

yo

→ **Tengo mucha hambre.**

1)

Pedro

→ ....

2)

nosotros

→ ....

3)

tú

→ ....

4)

los estudiantes

→ ....

2. 대화를 듣고 마지막에 여자가 당부할 말로 알맞은 것을 고르세요.

① Tienes que tomar menos café.

② Debes hacer ejercicio todos los días.

③ Hay que dormir bastante.

④ No debes usar el móvil antes de dormir.

3. 관련 있는 문장끼리 연결해보세요.

1) Va a llover esta tarde.　·

2) Tengo mucha fiebre.　·

3) Ella bebe cerveza conmigo. ·

· ① Debes tomar este jarabe.

· ② No hay que conducir después de beber.

· ③ Tienes que llevar el paraguas.

정답

1. 1) Pedro tiene dolor de estómago.
   2) Nosotros tenemos miedo.
   3) Tú tienes suerte. 4) Los estudiantes tienen sueño.
2. ④
   (듣기 : 여 : ¿Qué te pasa, Paco? ¿Tienes algún problema?

남 : Es que estos días no puedo dormir bien. Por eso no tomo café.

여 : Pues, ¿qué haces normalmente antes de ir a la cama?

남 : Hago yoga y después veo videos por el móvil.

여 : Para dormir bien, ...)

3. 1) ③　2) ①　3) ②

스페인 제스처

다른 언어들과 마찬가지로 스페인어에서도 신체 언어는 의사소통에 있어 중요한 역할을 담당합니다. 자신의 의견을 보다 효과적으로 전달하기 위하여 스페인어권 사람들은 이야기 할 때 제스처를 비교적 많이 사용하는 편인데요. 먼저 아래 그림을 보고 어떤 경우에 사용하는 제스처일지 추측해보세요.

① **Ellos son muy amigos.** 그들은 매우 친해요.
② **Es muy rico.** 음식이 아주 맛있어요!
③ **Es tacaño.** 구두쇠예요.
④ **¡Ojo!** (잘 보고) 주의하세요! 조심하세요!
⑤ **Está muy enfadado.** 그는 매우 화가 났어요.

¿A qué hora empieza la clase?

몇 시에 수업이 시작합니까?

Vocabulario

concierto
m. 콘서트

obra
f. 작품

taquilla
f. 매표소

cartel
m. 포스터

director(-a)
m.f. 감독

cineasta
m.f. 영화인

1. 숫자2 / 서수

100 - cien	900 - novecientos	첫 번째	**primero/a**
102 - ciento dos	1000 - mil	두 번째	**segundo/a**
115 - ciento quince	2000 - dos mil	세 번째	**tercero/a**
200 - doscientos	3000 - tres mil	네 번째	**cuarto/a**
300 - trescientos	100.000 - cien mil	다섯 번째	**quinto/a**
400 - cuatrocientos	1.000.000 - un millón	여섯 번째	**sexto/a**
500 - quinientos		일곱 번째	**séptimo/a**
600 - seiscientos		여덟 번째	**octavo/a**
700 - setecientos		아홉 번째	**noveno/a**
800 - ochocientos		열 번째	**décimo/a**

1) 100은 cien이지만 101부터 199까지는 ciento를 써줍니다.

 cien casas 집 100채   **ciento diez coches** 차 110대

2) 200~999까지는 복수형을 써주고, 뒤에 여성명사가 오면 여성형으로 변화시킵니다.

 quinientos alumnos 학생 500명   **novecientas chicas** 소녀 900명

3) 1,000은 mil, 4,000은 cuatro mil, 10,000은 diez mil과 같이 씁니다. 100만은 un millón이며 전치사 de를 넣어 명사와 연결합니다.

 mil años 천 년   **cien mil espectadores** 관객 10만 명
 un millón de habitantes 주민 100만 명   **tres millones de libros** 책 300만 권

4) 서수는 수식하는 명사의 성, 수에 일치시켜줍니다. 이때 primero와 tercero는 남성 단수명사 앞에서 o가 탈락됩니다.

 la segunda chica 두 번째 소녀   **el primer amor** 첫사랑

2. 시간을 묻고 답하기

1) 몇 시입니까?

   ¿Qué hora es? / ¿Qué hora tienes? / ¿Tienes hora?

   > **Tip** ¿Tienes tiempo?는 "너 (이용 가능한, 자유로운) 시간 있니?"라는 뜻이 되므로 시간을 묻는 표현과 헷갈리지 않도록
   > 주의하세요.

2) 시간을 말할 때는 'ser 동사 + 정관사 + 숫자'의 순서로 말합니다. 1시를 말할 때는 es가 사용되고
   2시 이후부터는 son이 사용됩니다.

   Es la una. 1시입니다.   **Son las diez.** 10시입니다.

3) 시간을 먼저 말하고 다음에 분을 말해줍니다.

   Es la una y diez. 1시 10분입니다.   **Son las cuatro y cuarto.** 4시 15분입니다.

4) 몇 시 몇 분을 말할 때 시간과 분 사이에는 y가 오고, 몇 시 몇 분 전을 말할 때는 시간과 분 사이에
   menos가 옵니다.

   Son las ocho y media. 8시 반입니다.   **Son las dos menos diez.** 1시 50분입니다.

5) 시간을 말하는 문장에서 오전, 오후, 밤은 'de la mañana', 'de la tarde', 'de la noche'로 구분됩
   니다.

   Son las once y veinte de la mañana. 오전 11시 20분입니다.

   Son las tres y cinco de la tarde. 오후 3시 5분입니다.

   Son las diez menos diez de la noche. 저녁 9시 50분입니다.

6) '몇 시에'는 'a + la(s) + 시간'으로 나타냅니다.

   A : ¿A qué hora es la clase de español? 스페인어 수업은 몇 시입니까?

   B : La clase de español es a las diez de la mañana. 스페인어 수업은 오전 10시입니다.

Dictado

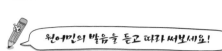원어민의 발음을 듣고 따라 써보세요!

¡Hala! .... **en el cine.**

우와! 영화관에 사람 많다.

Es verdad. .... **la última película de Al-modóvar ya tiene** .... **espectadores.**

그러게. 알모도바르 신작이 벌써 천만 관객을 돌파했다고 하더라.

¡..**!**

대단하다!

De todas formas, ¿..**?**

그건 그렇고, 지금 몇시야?

Son las tres y veinte.

3시 20분이야.

¿Dónde está Marga? La película empieza pronto.

마르가는 어디에 있어? 영화가 곧 시작하는데.

¿.. **comienza la película?**

영화는 몇 시에 시작해?

Comienza ....**. Solo quedan diez minutos.**

3시 반에 시작해. 10분밖에 안 남았어.

Pedro

························ ··· **Marga nunca llega tarde.**

정말 이상하다… 마르가는 절대 늦지 않는데.

Hyun

Ya lo sé. Ella es muy ························ **.**

Vamos a esperar un poco más.

나도 알아. 걔 엄청 시간을 잘 지키잖아. 우리 조금 더 기다려보자.

Pedro

¡························ **! Allí viene Marga.**

드디어! 저기 마르가가 온다!

Diálogo

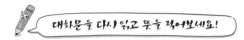
대화문을 다시 읽고 뜻을 적어보세요!

Pedro

¡Hala! Hay mucha gente en el cine.

....

Hyun

Es verdad. Dicen que la última película de Almodóvar ya tiene diez millones de espectadores.

....

Pedro

¡Qué maravilla!

....

Hyun

De todas formas, ¿qué hora es ahora?

....

Pedro

Son las tres y veinte.

....

Hyun

¿Dónde está Marga? La película empieza pronto.

....

Pedro

¿A qué hora comienza la película?

....

Hyun

Comienza a las tres y media. Solo quedan diez minutos.

....

Es muy raro··· Marga nunca llega tarde.

Pedro

Ya lo sé. Ella es muy puntual.

Vamos a esperar un poco más.

Hyun

¡Por fin! Allí viene Marga.

Pedro

 단어

espectador   m. 관객
maravilla   f. 경이로움, 놀라운 일

de todas formas   그건 그렇고
puntual   adj. 시간을 잘 지키는

Hablar

1

| 수업이 몇 시에 시작하나요? | **¿A qué hora empieza la clase?** |

연극이 몇 시에 시작하나요?   **¿A qué hora empieza** el teatro**?**

콘서트가 몇 시에 끝나나요?   **¿A qué hora** termina el concierto**?**

회의가 몇 시에 끝나나요?   **¿A qué hora termina** la reunión**?**

2

| 9시 50분입니다. | **Son las diez menos diez.** |

1시 50분입니다.   **Son las** dos **menos diez.**

10시 55분입니다.   **Son las** once **menos** cinco**.**

12시 45분입니다.   **Es la una menos** cuarto**.**

3

| 그녀가 예쁘다고들 하더라. | **Dicen que ella es bonita.** |

그 배우가 잘생겼다고들 하더라.   **Dicen que** el actor **es** guapo**.**

영화가 재밌다고들 하더라.   **Dicen que** la película **es** interesante**.**

그 작품이 지루하다고들 하더라.   **Dicen que** la obra **es** aburrida**.**

Autorreflexión

1. 대화문을 듣고 시계에 그림을 그려보세요.

1)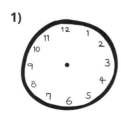
2)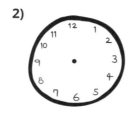
3)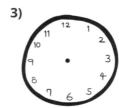
4)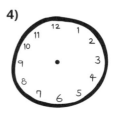

2. 그림을 보고 질문에 스페인어로 답해보세요.

1)

A : ¿A qué hora empieza la clase?

B : La clase empieza _____.

2)

A : ¿A qué hora termina la película?

B : La película termina _____.

3. 빈칸에 알맞은 숫자를 스페인어로 써보세요.

1) **Usted tiene** _____ **(549) puntos en su tarjeta.**

당신의 카드에 549포인트가 있습니다.

2) **Hay** _____ **(730) flores en el jardín.**

정원에 꽃 730송이가 있습니다.

3) **En este pueblo viven** _____ **(1,000) habitantes.**

이 마을에는 1,000명의 거주자가 삽니다.

4) **Nosotros nos casamos en** _____ **(2026).**

우리는 2026년에 결혼합니다.

✅ 정답

1. 1) 4시 15분
(듣기 A : ¿Tienes hora?, B : Son las cuatro y cuarto.)
2) 1시 30분
(듣기 A : ¿Qué hora es ahora?, B : Es la una y media.)
3) 7시 50분
(듣기 A : ¿Qué hora tienes?, B : Son las ocho menos diez.)

4) 11시 45분
(듣기 A : ¿A qué hora termina?, B : A las doce menos cuarto.)
2. 1) a las seis (en punto).
2) a las tres y veinticinco.
3. 1) quinientos cuarenta y nueve
2) setecientas treinta   3) mil   4) dos mil veintiséis

194

도대체 스페인 사람들은 몇 시에?

스페인 사람들의 일상 시간은 우리나라와는 약간의 차이가 있습니다. 일상적인 아침 식사 시간은 8시에서 10시까지로 커피, 주스와 함께 크로와상 또는 토스트 같은 간단한 빵을 먹습니다. 아이들의 경우 아침으로 추로스에 녹인 초콜릿을 곁들여 먹기도 합니다. 11시 반에서 12시 정도에는 하던 일을 잠시 멈추고, 근처 바(bar)나 카페(cafetería)에서 커피와 함께 가볍게 샌드위치 등을 먹으며 커피 브레이크 타임을 갖는 사람들을 볼 수 있습니다. 점심 식사 시간은 보통 14시에서 16시 사이인데요. 하루의 식사 중에서 가장 중요하게 여겨, 첫 번째 요리부터 후식까지 여유를 가지고 든든하게 먹습니다. 예전에는 두 시간가량 이어지는 점심시간 동안 상점들이 잠시 문을 닫기도 했으나 최근에는 남부 지역이나 일부 소도시를 제외하고 마드리드, 바르셀로나 같은 큰 도시들에서 많은 상점들이 쉬지 않고 하루 종일 문을 열어둡니다. 우리나라의 경우 24시간씩 운영하는 편의점이 동네마다 많이 있지만, 스페인에는 이를 찾아보기가 쉽지 않습니다. 보통 저녁 9시에서 10시 정도면 슈퍼마켓들이 모두 문을 닫고 10시 이후에는 슈퍼마켓에서 맥주를 판매하지 않습니다. 저녁 식사는 보통 8시 반에서 10시 반 사이에 먹으며 이후 친구들과 맥주를 마시러 나가거나 보통 12시를 전후로 잠자리에 듭니다.

Me lavo las manos antes de comer.

나는 먹기 전에 손을 씻습니다.

Vocabulario

ducharse
v. 샤워하다

bañarse
v. 목욕하다

peinarse
v. 머리를 빗다

vestirse
v. 옷을 입다

quitarse la ropa
v. 옷을 벗다

maquillarse
v. 화장하다

Expresión y gramática

1. 재귀동사

bañarse 목욕하다	
me baño	nos bañamos
te bañas	os bañáis
se baña	se bañan

재귀대명사 se		
	단수	복수
1인칭	me	nos
2인칭	te	os
3인칭	se	se

재귀동사는 '동사+재귀대명사'가 합쳐져서 동사의 행위가 주어 자신에게 돌아오도록 만든 동사를 말합니다. 목적어를 필요로 하는 동사의 원형 뒤에 주어에게 행위가 돌아올 수 있도록 만들어주는 '재귀대명사'를 함께 써서 동사원형이 '-arse, -erse, -irse'와 같은 형태인 동사가 바로 재귀동사입니다.

Marga baña al perro.

Marga se baña.

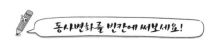
동사변화를 빈칸에 써보세요!

despertarse 잠에서 깨다	
me despierto	nos despertamos
te despiertas	os despertáis
se despierta	se despiertan

lavarse 씻다	

ponerse 입다	

acostarse 잠자리에 들다	

2. 긍정어와 부정어

스페인어에서는 긍정문과 부정문에서 각각 긍정어와 부정어를 사용합니다.

긍정어	부정어
algo(사물) 무언가	**nada**(사물) 아무것도
alguien(사람) 누군가	**nadie**(사람) 아무도
alguno(-a, -os, -as) 어떤	**ninguno(-a)** 어떤
siempre 항상	**nunca** 절대로
también 역시	**tampoco** 역시

부정문에서는 부정어를 사용하여 'no+동사+부정어'의 구조로 문장을 만듭니다. 영어와 달리 이중부정이 사용되어도 긍정문으로 바뀌지 않습니다.

A : **¿Hay algo en la nevera?**　　　　냉장고에 뭐 좀 있어?

B : **No, no hay nada.**　　　　　　　아니, 아무것도 없어.

> **Tip** alguno와 ninguno는 남성 단수명사 앞에서 각각 algún과 ningún으로 축약됩니다.

A : **¿Hay alguien en el aula?**　　　강의실에 누가 있나요?

B : **No, no hay nadie.**　　　　　　아뇨, 아무도 없습니다.

A : **¿Hay algún banco cerca de aquí?**　　　　　　이 근처에 은행이 있나요?

B : **No, no hay ninguno. (= No, no hay ningún banco.)**　　아뇨, 하나도 없습니다.

A : **No quiero cenar esta noche. ¿Y tú?**　　오늘 밤엔 저녁 식사를 하고 싶지 않아. 너는?

B : **Yo no quiero tampoco.**　　　　　　　　　나도 역시 그래.

A : **¿Siempre estudias en casa?**　　　　너는 항상 집에서 공부하니?

B : **Nunca estudio en casa.**　　　　　아니, 난 집에서 절대 공부 안 해.

* 부정어가 동사 앞에 나오면 no 생략

Dictado

Correo electrónico ▼

▼

Querido amigo Bebeto:

Te escribo desde Madrid. ¿Cómo estás? Yo estoy muy bien y ahora vivo con dos españoles _____ . Todos son muy simpáticos. _____ también son amables. Mira, te cuento _____ cada día. Me levanto a las 8 de la mañana y _____ rápidamente. Luego desayuno un café y _____ para ir a la universidad. Después de terminar las clases, leo libros o escribo mi diario en la biblioteca y _____ _____ con mis amigos. Siempre _____ las gafas de sol porque aquí el sol _____ . Cuando vuelvo al piso, charlo un poco con mis compañeros y hago los trabajos de la clase. Después de cenar, _____ y me acuesto _____ las doce. ¿Qué tal tu día en Estados Unidos? Espero _____ . Quiero verte pronto.

Un beso, Hyun

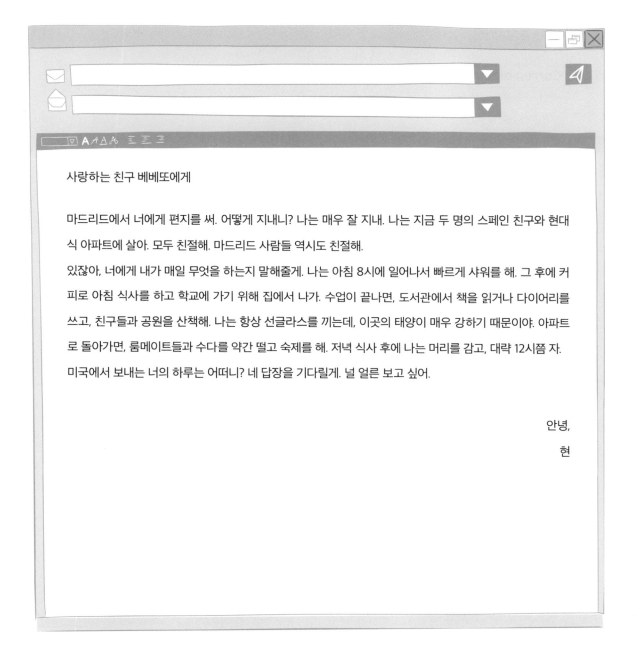

사랑하는 친구 베베또에게

마드리드에서 너에게 편지를 써. 어떻게 지내니? 나는 매우 잘 지내. 나는 지금 두 명의 스페인 친구와 현대식 아파트에 살아. 모두 친절해. 마드리드 사람들 역시도 친절해.

있잖아, 너에게 내가 매일 무엇을 하는지 말해줄게. 나는 아침 8시에 일어나서 빠르게 샤워를 해. 그 후에 커피로 아침 식사를 하고 학교에 가기 위해 집에서 나가. 수업이 끝나면, 도서관에서 책을 읽거나 다이어리를 쓰고, 친구들과 공원을 산책해. 나는 항상 선글라스를 끼는데, 이곳의 태양이 매우 강하기 때문이야. 아파트로 돌아가면, 룸메이트들과 수다를 약간 떨고 숙제를 해. 저녁 식사 후에 나는 머리를 감고, 대략 12시쯤 자.

미국에서 보내는 너의 하루는 어떠니? 네 답장을 기다릴게. 널 얼른 보고 싶어.

안녕,

현

Diálogo

Correo electrónico ▼

▼

A *A* △ *Å* Ξ Ξ Ξ

Querido amigo Bebeto:

Te escribo desde Madrid. ¿Cómo estás? Yo estoy muy bien y ahora vivo con dos españoles en un piso moderno. Todos son muy simpáticos. Los madrileños también son amables. Mira, te cuento lo que hago cada día. Me levanto a las 8 de la mañana y me ducho rápidamente. Luego desayuno un café y salgo de casa para ir a la universidad. Después de terminar las clases, leo libros o escribo mi diario en la biblioteca y paseo por el parque con mis amigos. Siempre me pongo las gafas de sol porque aquí el sol es muy fuerte. Cuando vuelvo al piso, charlo un poco con mis compañeros y hago los trabajos de la clase. Después de cenar, me lavo el pelo y me acuesto alrededor de las doce. ¿Qué tal tu día en Estados Unidos? Espero tu respuesta. Quiero verte pronto.

Un beso, Hyun

사랑하는 친구 베베또에게

마드리드에서 너에게 편지를 써. 어떻게 지내니? 나는 매우 잘 지내. 나는 지금 두 명의 스페인 친구와 ......

.... 에 살아. 모두 친절해. .... :

있잖아, 너에게 내가 .... 말해줄게. 나는 아침 8시에 일어나서 빠르게 샤워를 해.

그 후에 커피로 아침 식사를 하고 학교에 가기 위해 집에서 나가. 수업이 끝나면, 도서관에서 책을 읽거나 ......

.... 쓰고, 친구들과 공원을 산책해. 나는 항상 .... , 이곳의 태양이

매우 강하기 때문이야. 아파트로 돌아가면, 룸메이트들과 .... 숙제를 해. 저녁 식

사 후에 나는 .... 대략 12시쯤 자.

미국에서 보내는 너의 하루는 어떠니? 네 답장을 기다릴게. .... :

안녕,

현

Hablar

1

나는 절대 도서관에서 공부하지 않아.　**No estudio nunca en la biblioteca.**

나는 절대 식당에서 밥을 먹지 않아.　**No** como **nunca en el** restaurante.

나는 절대 비행기를 타고 여행하지 않아.　**No** viajo **nunca en el** avión.

나는 절대 밤에 커피를 마시지 않아.　**No** tomo café **nunca en la** noche.

2

식사 후에 나는 양치를 합니다.　**Después de comer, me lavo los dientes.**

공부한 후에, 나는 잠자리에 들어요.　**Después de** estudiar, me acuesto.

자기 전에, 나는 잠옷을 입어요.　**Antes de** dormir, me pongo el pijama.

나가기 전에, 나는 화장을 해요.　**Antes de** salir, me maquillo.

3

나는 아침 7시에 일어납니다.　**Me levanto a las siete de la mañana.**

그녀는 아침 6시에 샤워를 합니다.　Se ducha **a las** seis **de la mañana.**

나는 밤 11시에 잠자리에 듭니다.　Me acuesto **a las** once **de la** noche.

너는 밤 12시에 목욕을 하는구나.　Te bañas **a** medianoche.

Autorreflexión

1. Elisa의 아침 일상에 대한 녹음을 듣고 순서대로 그림을 나열해보세요.

①

②

③

④

2. 보기의 동사를 한 번씩 활용하여 문장을 완성해보세요.

<보기> despertar   despertarse   lavar   lavarse   bañar   bañarse

1) Mi padre _____ el coche todos los domingos.

2) Nosotros _____ los dientes después de comer.

3) Ella _____ después de hacer ejercicio.

4) Yo _____ a mis hermanos para desayunar juntos.

5) Mi padre siempre _____ a las seis de la mañana.

6) Carolina _____ a su bebé.

3. 알맞은 긍정어와 부정어를 활용하여 대화문을 완성해보세요.

1) A : ¿Hay .... en el baño?

B : No, no hay nadie.

2) A : ¿Hay .... restaurante coreano por aquí cerca?

B : Sí, hay uno.

3) A : ¿Hay algo en la mochila?

B : No, no hay ....

4) A : No quiero levantarme temprano. ¿Y tú?

B : No quiero ....

1. ②-③-④-①
(듣기 : Normalmente me levanto muy temprano. Enseguida desayuno un café con leche y una tost-ada. Después de desayunar me ducho rápida-mente. Me visto y luego me maquillo. Antes de

salir, me miro otra vez en el espejo.)
2. 1) lava   2) nos lavamos   3) se baña
   4) despierto   5) se despierta   6) baña
3. 1) alguien   2) algún   3) nada   4) tampoco

Cultura

재귀동사를 활용한 스페인어 관용 표현

1. lavarse las manos 손을 씻다?

→ '손을 떼다', '관여하지 않겠다', '책임지지 않겠다'

A : **Vamos a tomar la decisión para el ascenso de este año.**
이번 해 승진을 위해 결정을 내립시다.

B : **Yo no, me lavo las manos.**
저는 안 할게요, 관여하지 않겠어요.

2. acostarse con las gallinas 닭과 잠자리에 들다?

→ '일찍 잠자리에 들다'

A : **¡Federico, ven a la discoteca con nosotros esta noche!**
페데리코, 오늘 밤에 우리랑 클럽 가자!

B : **Gracias, pero hoy no.**
Voy a acostarme con las gallinas.
고맙지만 오늘은 안 되겠어. 난 일찍 잘래.

3. ponerse morado 자주색을 입다?

→ '질리도록 먹다', '맛있게 먹다'

A : **Mi abuela cocina tan bien que no puedo dejar de comer.**
할머니께서 요리를 매우 잘하셔서 먹는 걸 멈출 수가 없어.

B : **Yo también me pongo morada cuando voy a casa de mi abuela.**
나도 할머니 댁에 가면 진짜 (맛있어서) 많이 먹어.

Me gustan los animales.

나는 동물을 좋아합니다.

Vocabulario

conejo

m. 토끼

cocodrilo

m. 악어

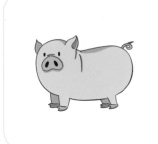

cerdo

m. 돼지

girafa

f. 기린

ballena

f. 고래

tortuga

f. 거북이

Expresión y gramática

1. gustar의 용법

1) gustar는 '~을 좋아하다'라는 뜻으로 번역하지만 문장의 구조를 이해하기 위하여 의미를 직역하면 '~이 ~에게 좋아하는 감정을 불러일으키다'입니다. 그래서 의미상 우리말의 주어에 해당하는 부분이 문장에서 간접목적대명사로 동사 앞에 오고, 우리말의 목적어에 해당하는 말이 문장에서 실제 주어로 동사 뒤에 위치합니다.

Me gusta el café

(문법적 해석) 나에게 커피가 좋아하는 감정을 불러일으킵니다

↓

(의미적 해석) 나는 커피를 좋아합니다.

간접목적대명사(~에게)	**gustar** 동사(좋아하게 하다)	주어(~은/는/이/가)
Me	gusta	la leche.
Te	gusta	la ensalada.
Le	gusta	tomar el sol.
Nos	gusta	viajar y escuhar música.
Os	gustan	la naranja y la uva.
Les	gustan	los animales.

A : ¿Te gusta la comida mexicana?　　　　　　　　　너는 멕시코 음식을 좋아하니?
B : Sí, me gusta mucho.　　　　　　　　　　　　　　응, 매우 좋아해.

A : ¿Te gusto yo?　　　　　　　　　　　　　　　　　너 나 좋아해?
B : Claro que sí, me gustas tú.　　　　　　　　　　당연하지, 나는 너를 좋아해.

A : ¿Qué te gusta hacer en tu tiempo libre?　　　너는 여가 시간에 뭘 하는 걸 좋아해?
B : Me gusta hacer yoga y jugar al golf.　　　　　나는 요가하고 골프 치는 것을 좋아해.

2) 간접목적어를 강조하거나 간접목적대명사가 의미하는 사람이 누구인지를 구체적으로 나타내기 위해 간접목적어 앞쪽에 'a + 명사/전치격 인칭대명사'를 써줍니다.

A los estudiantes les gustan los gatos.　　　　　　　　학생들은 고양이를 좋아합니다.

A Marga le gusta ir de compras y a mí me gusta jugar al béisbol.

　　　　　　　　마르가는 쇼핑을 좋아하고 나는 야구 하는 것을 좋아한다.

3) 부정문으로 만들 때는 간접목적 대명사 앞에 no를 써줍니다.

A mi abuela no le gusta la música rock.　　　나의 할머니는 락 음악을 좋아하지 않으신다.

No me gusta hablar mal de otras personas.　　나는 타인을 험담하는 것을 좋아하지 않는다.

2. 전치격 인칭대명사

전치사와 함께 사용되는 인칭대명사를 전치격 인칭대명사라고 합니다. 1인칭(yo → mí), 2인칭(tú → ti)을 제외하고 나머지는 주격 인칭대명사와 동일합니다. 단, 전치사 con과 함께 mí, ti가 사용될 때는 각각 conmigo(나와 함께), contigo(너와 함께)로 변화합니다.

주격 인칭대명사		전치격 인칭대명사	
yo	nosotros	mí	nosotros
tú	vosotros	ti	vosotros
él, ella, Ud.	ellos, ellas, Uds.	él, ella, Ud.	ellos, ellas, Uds.

3. gustar류 동사들

encantar	매우 좋아하게 하다	**A Jorge le encanta la actriz.**
interesar	흥미를 주다	**Me interesa la cultura española.**
apetecer	탐나게 하다, 구미를 당기다	**¿Qué te apetece tomar?**
molestar	성가시게 하다	**Nos molestan los mosquitos.**
doler	아프게 하다	**¿Te duele la cabeza?**

Dictado

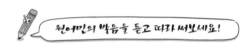
원어민의 발음을 듣고 따라 써보세요!

Entrevistador

¿.. en su tiempo libre?

여가 시간에 뭘 하는 것을 좋아하나요?

Marga

Me gusta .... **de la calle.**

Todos los domingos voy al centro de animales para

ofrecer .... **.**

저는 길에 사는 동물들을 돕는 것을 좋아합니다.

매주 일요일마다 자원봉사를 하기 위해 동물센터에 갑니다.

Entrevistador

Muy bien. ¿ .... **?**

그렇군요. 동물들을 좋아하십니까?

Marga

.... **. Me encantan los animales.**

그럼요. 동물들을 정말 좋아합니다.

Entrevistador

¿Le gusta hacer otra cosa más .... **?**

여가 시간에 하는 또 다른 좋아하는 게 있나요?

Marga

También me gusta .... **.**

영화 보는 것 역시 좋아합니다.

Entrevistador

¿.. **le gusta más?**

어떤 장르의 영화를 더 좋아하십니까?

212

Marga

Me gustan las películas ....

저는 액션 영화를 좋아해요.

Entrevistador

¿Hay alguna cosa que le interese estos días?

요즘 관심 있는 것이 있나요?

Marga

.... **me interesa la cultura coreana.**

Especialmente .... **las canciones**

de K-pop.

요즘 저는 한국 문화에 관심이 있어요. 특별히 케이팝을 좋아합니다.

Diálogo

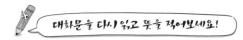
대화문을 다시 읽고 뜻을 적어보세요!

Entrevistador

¿Qué le gusta hacer en su tiempo libre?

....

Marga

Me gusta ayudar a los animales de la calle.
Todos los domingos voy al centro de animales para
ofrecer el servicio voluntario.

....

....

Entrevistador

Muy bien. ¿Le gustan los animales?

....

Marga

Desde luego. Me encantan los animales.

....

Entrevistador

¿Le gusta hacer otra cosa más en su tiempo libre?

....

Marga

También me gusta ver películas.

....

Entrevistador

¿Qué tipo de películas le gusta más?

....

Marga

Me gustan las películas de acción.

Entrevistador

¿Hay alguna cosa que le interese estos días?

Marga

Estos días me interesa la cultura coreana. Especialmente me apetece escuchar las canciones de K-pop.

 단어

ofrecer 제공하다
servicio voluntario 자원봉사
desde luego 물론이죠, 당연하죠.

acción 액션
especialmente 특별히

Hablar

1

나는 운동하는 것을 좋아해.	**A mí me gusta hacer ejercicio.**

너는 요가 하는 것을 좋아해.　　　　　A ti te **gusta hacer** yoga.

뻬드로는 축구 하는 것을 좋아해.　　　A Pedro le **gusta** jugar al fútbol.

나의 아빠는 요리하는 것을 좋아해.　　A mi padre le **gusta** cocinar.

2

어떤 종류의 영화를 더 좋아하나요?	**¿Qué tipo de películas le gusta más?**

어떤 종류의 운동을 더 좋아하나요?　　**¿Qué tipo de** deporte **le gusta más?**

어떤 종류의 음악을 더 좋아하나요?　　**¿Qué tipo de** música **le gusta más?**

어떤 종류의 음식을 더 좋아하나요?　　**¿Qué tipo de** comida **le gusta más?**

3

요즘 저는 역사에 관심이 있어요.	**Me interesa la historia estos días.**

요즘 저는 야구 보는 것에 관심이 있어요.　　**Me interesa** ver el béisbol **estos días.**

요즘 우리는 스페인어에 관심이 있어요.　　Nos **interesa** el español **estos días.**

요즘 그들은 자동차에 관심이 있어요.　　Les interesan los coches **estos días.**

Autorreflexión

1. 녹음을 듣고 일치하지 않는 내용을 골라보세요.

① David는 동물을 좋아한다.

② David의 집에는 강아지가 두 마리 있다.

③ David와 그의 아버지는 등산하는 것을 좋아한다.

④ David는 요즘 스키 타는 것에 흥미가 있다.

⑤ David는 여가시간에 테니스 치는 것을 좋아한다.

2. 빈칸에 우리말에 해당하는 알맞은 전치격 인칭대명서를 써보세요.

1) A : ¿Para quiénes son estos regalos?

　 B : Son para _____(너희들).

2) A : ¿Habláis de _____(나)?

　 B : No, no hablamos de _____(너). Hablamos de _____(그).

3) A : ¿Quieres ir al cine con _____(나)?

　 B : Claro que sí. Voy con _____(너).

3. 보기의 동사들을 활용하여 문장을 완성해보세요.

> <보기> doler molestar interesar apetecer

1) ¿Qué _____ estos días? (tú)

2) _____ comer comida picante. (nosotros)

3) Desde la mañana _____ los ojos. (yo)

4) A Luna _____ el ruido del vecino.

4. 자신이 좋아하는 것에 대해 소개하는 글을 스페인어로 자유롭게 써보세요.

_____

_____

_____

_____

_____

정답

1. ③
(듣기 : Me llamo David. A mí me gustan los perros porque son muy cariñosos. En mi casa, tengo dos perritos. Se llaman Coco y Puding. Estos días me interesa esquiar y estudiar español. A mi padre le encanta subir a las montañas pero a mí no. En mi tiempo libre me gusta jugar al tenis.)

2. 1) vosotros   2) mí, ti, él   3) (con)migo, (con)tigo

3. 1) te interesa   2) Nos apetece   3) me duelen
4) le molesta

4. 자유롭게 작성

스페인어의 다양성

스페인에서는 공식 언어인 스페인어(español=castellano) 외에도 각각의 지역을 기원으로 하는 3개의 공용어가 더 사용되고 있다는 사실을 알고 있나요? 먼저 우리가 스페인어로 알고 있는 español의 다른 이름은 castellano인데요. 이는 수도 마드리드가 포함된 카스티야 (Castilla) 지방의 언어라는 뜻입니다. 카스티야 지역에서 사용되는 언어가 스페인의 표준어가 된 것입니다. 여기에 바르셀로나가 속한 카탈루냐(Cataluña) 지역의 언어 catalán, 스페인의 북동부 갈리시아(Galicia) 지역의 언어 gallego, 스페인 북부의 바스크(País Vasco) 지방의 언어 vasco를 스페인의 공용언어로 인정하고 있어요. 각 지역의 언어가 어떻게 스페인어와 다른지, 또 얼마나 비슷한지 잠시 아래 표를 살펴볼까요?

Español	Catalán	Vasco o Euskera	Gallego
Hola	Hola	Kaiko	Ola
Buenos días	Bon dia	Egunon	Bos días
Buenas tardes	Bona tarda	Arratsaldeon	Bos seráns
Buenas noches	Bona nit	Gabon	Boas noites
Adiós	Adéu	Agur	Adeus
Muchas gracias	Moltes gràcies	Eskerrik asko	Moitas gracias
Por favor	Si us plau	Mesedez	Por favor

castellano, gallego, catalán은 모두 로망스어를 기원으로 하고 있어 어느 정도 비슷하고 뜻도 유추할 수 있지만, 특별히 눈에 띄게 다른 언어가 하나 보일 것입니다. 바스크 지역에서 사용하는 vasco는 그 기원을 알 수 없어 '고립어'로 분류된다고 합니다. 이쯤 되면 "스페인에 가도 스페인어로 의사소통할 수 없나요?"라고 묻고 싶은 학생들이 있을텐데요. 해당 지역의 거주민들은 그 지역의 언어와 더불어 우리가 공부하고 있는 표준어인 castellano도 말할 수 있으니 걱정하지 마세요!

Lección
— 18

Te amamos mucho.

우리는 너를 많이 사랑해.

Vocabulario

pantalones

m. 바지

vestido

m. 원피스

camiseta

f. 티셔츠

abrigo

m. 외투

falda

f. 치마

jersey

m. 스웨터

Expresión y gramática

1. 직접목적어 (~을, 를)

스페인어의 직접목적어는 일반적으로 동사 뒤에 위치합니다. 목적어가 사람인 경우에는 앞에 전치사 a를 사용하고 사물인 경우에는 사용하지 않습니다.

Ellos escuchan la radio.	그들은 라디오를 듣습니다.
El profesor llama a los estudiantes.	선생님이 학생들을 부릅니다.
Yo conozco a Carlos.	나는 까를로스를 압니다.

2. 직접목적대명사

1) 한 번 나온 목적어를 다시 언급할 때 목적대명사를 사용할 수 있습니다. 목적대명사는 동사 앞에 위치합니다.

	단수	복수
1인칭	**me** 나를	**nos** 우리들을
2인칭	**te** 너를	**os** 너희들을
3인칭	**lo / la** 그를, 그녀를, 그것을	**los / las** 그들을, 그녀들을, 그것들을

A : ¿Tienes la llave?	너 열쇠 가지고 있어?
B : Sí, la tengo.	응, 그거 있어.
A : ¿Necesitas los bolígrafos?	너 볼펜들 필요해?
B : Sí, ✎ .... **necesito.**	응, 그것들이 필요해.
A : ¿Amas a Amelia?	너는 아멜리아를 사랑하니?
B : Sí, ✎ .... **amo.**	응, 그녀를 사랑해.

2) 직접목적대명사는 일반적으로 동사 앞에 위치하지만 동사원형이나 현재분사 뒤에 붙여 쓸 수 있습니다.

  A : ¿Vas a comprar los tomates?　　　　　　　　너 토마토 살 거야?
  B : Sí, los voy a comprar. = Sí, voy a comprarlos.　　응, 그것들을 살 거야.

  A : ¿Estás comiendo el bocadillo?　　　　　　　너는 보까디요를 먹는 중이니?
  B : Sí, lo estoy comiendo. = Sí, estoy comiéndolo.　응, 그것을 먹고 있어.

3. lo의 용법

1) 직접목적대명사 : 3인칭 남성 단수(그를, 그것을)

  A : ¿Traes el libro de Ana?　　　　　　　　　너 아나의 책 가지고 오니?
  B : No, no lo traigo.　　　　　　　　　　　아니, 나 그것을 안 가지고 가.

  A : ¿Eva quiere a Antonio?　　　　　　　　에바가 안토니오를 좋아하지?
  B : Sí, lo quiere.　　　　　　　　　　　　맞아, 그를 좋아해.

2) 중성대명사 : 앞에서 언급한 것 전체를 지칭

  A : Hacer ejercicio es muy importante.　　　운동하는 것은 매우 중요해.
  B : Sí, lo sé.　　　　　　　　　　　　　맞아, 그거 알아.

  A : Quiero dormir mucho.　　　　　　　　나는 많이 자고 싶어.
  B : Yo también lo quiero.　　　　　　　　나도 역시 그것을 원해.

3) 중성관사 : 형용사의 명사화(lo + 형용사 = 명사화)

  Lo caro no siempre es bueno.　　　　　　비싼 것이 항상 좋은 것은 아니다.
  Lo esencial es invisible para los ojos.　　본질적인 것은 눈에 보이지 않는다.
  (El principito 어린왕자 中)

Dictado

원어민의 발음을 듣고 따라 써보세요!

Dependiente

¡Buenas tardes! ¿ _____ **?**

좋은 오후입니다. 무엇을 원하시나요?

Hyun

¡Buenas tardes! Quiero comprar _____ **.**

안녕하세요! 제가 입을 원피스를 하나 사고 싶은데요.

Dependiente

¿De qué color _____ **quiere?**

어떤 색으로 원하세요?

Hyun

Lo quiero _____ **.**

빨간색을 원해요.

Dependiente

¿De qué _____ **?**

사이즈는요?

Hyun

Normalmente yo _____ **36.**

보통 저는 36을 입어요.

Dependiente

Entonces tenemos dos _____ **.**

그러면 두 가지 모델이 있습니다.

Hyun

Umm··· Me gusta el más largo. ¿ _____ **?**

음··· 좀 더 긴 것이 좋은데요. 입어봐도 될까요?

Dependiente

Claro que sí. .... **están allí. […]**

¿Qué tal? ¿ .... **?**

당연하죠. 탈의실은 저기에 있습니다. […] 어떠세요? 잘 맞나요?

Hyun

Me queda un poco .... **. ¿Tiene una talla más** .... **?**

저한테 조금 작아요. 한 치수 큰 것 있나요?

Dependiente

Por supuesto. .... **.**

¿Le queda bien ahora?

당연하죠. 지금 바로 가져다드릴게요. 이제 잘 맞으시나요?

Hyun

Me queda perfecto. .... **.**

네, 딱 맞아요. 이걸로 살게요.

Diálogo

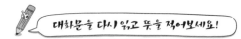
대화문을 다시 읽고 뜻을 적어보세요!

Dependiente

¡Buenas tardes! ¿Qué desea usted?

....

Hyun

¡Buenas tardes! Quiero comprar un vestido para mí.

....

Dependiente

¿De qué color lo quiere?

....

Hyun

Lo quiero de color rojo.

....

Dependiente

¿De qué talla?

....

Hyun

Normalmente yo uso la talla 36.

....

Dependiente

Entonces tenemos dos modelos.

....

Hyun

Umm··· Me gusta el más largo. ¿Puedo probármelo?

....

Dependiente

Claro que sí. Los probadores están allí. [···]
¿Qué tal? ¿Cómo le queda?

Hyun

Me queda un poco pequeño.
¿Tiene una talla más grande?

Dependiente

Por supuesto. Ahora mismo lo traigo.
¿Le queda bien ahora?

Hyun

Me queda perfecto. Me lo llevo.

 단어

talla   f. 치수, 사이즈
probador   m. 탈의실
quedar   v. ① 어울리다, ② 남다, ③ 만나다

ahora mismo   지금 바로
Me lo llevo.   이걸로 살게요.(이것을 가져갈게요)

Hablar

1

응, 그것들을 살 거야.　　　　　　**Sí, voy a comprarlos.**

응, 그것을 먹을 거야.　　　　　　　　Sí, voy a **comerlo**.

아니, 그것을 공부하지 않을 거야.　　No, no **voy a estudiarlo**.

아니, 그녀들을 사랑하지 않을 거야.　No, no **voy a amarlas**.

2

비싼 것이 항상 좋은 것은 아니죠.　　**Lo caro no siempre es bueno.**

싼 것이 항상 나쁜 것은 아니죠.　　Lo barato no siempre es malo.

못난 것이 항상 나쁜 것은 아니죠.　Lo feo no siempre es malo.

예쁜 것이 항상 맛있는 것은 아니죠.　Lo bonito no siempre es rico.

3

저한테 조금 작아요.　　　　　　　**Me queda un poco pequeño.**

저한테 조금 크네요.　　　　　　Me queda un poco grande.

저한테 아주 잘 맞아요.　　　　　Me queda muy bien.

그녀에게 아주 잘 맞아요.　　　　Le queda muy bien.

Autorreflexión

1. 빈칸에 알맞은 직접목적대명사를 넣어 대화를 완성하세요.

   1) A : ¿Conoces a mi hermana?

      B : No, no _____ conozco.

   2) A : ¿Me quieres?

      B : Sí, _____ quiero muchísimo.

   3) A : ¿Vas a traer los libros?

      B : Sí, voy a traer _____.

   4) A : ¿Necesitas mis fotos?

      B : No, no _____ necesito.

2. 대화를 듣고 여자가 원하는 물건을 골라보세요.

① 　　② 　　③

3. 다음 글을 읽고 밑줄 친 부분이 공통으로 가리키는 것을 스페인어로 써보세요.

> Mañana es la boda de mi amiga Suji. Voy a comprar un vestido para su boda. **Lo** quiero de color blanco. Sin embargo, cuando vas a una boda en Corea, no debes vestirte de blanco por la novia. Así que voy a comprar**lo** de color azul.

 정답

1. 1) la   2) te   3) los   4) las
2. ②
　　(듣기 : A : Buenas tardes, ¿qué desea?
　　　　　B : Quiero ver unos zapatos.
　　　　　A : ¿Qué número tiene?
　　　　　B : El treinta y seis.

　　A : ¿De qué color los quiere?
　　B : Los quiero de color verde.
　　A : No los tenemos verdes. Solo los tenemos negros y amarillos.
　　B : Bueno, pues vuelvo otro día. Gracias.)
3. el vestido

가우디의 끝나지 않은 이야기

바르셀로나에는 140년 가까운 시간 동안 완공되지 못한 채, 여전히 공사 중인 성당이 하나 있습니다. 바로 안토니 가우디(Antoni Gaudí)가 설계하고 건축한 사그라다 파밀리아(La Sagrada Familia) 성당입니다. 이 성당은 기존의 양식을 따르면서도 가우디만의 철학과 개성이 녹아들어 있는 건축물로 까사 밀라, 구엘공원, 까사 바뜨요, 까사 비센스와 같은 그의 다른 건축물과 함께 유네스코 세계문화유산에 등재되어 있습니다.

가우디의 건축물들을 두 단어로 정의하자면 '자연'과 '종교'인데요. 어린 시절 병약했던 가우디에게 유일한 친구가 되어준 것이 바로 자연과 종교였기 때문입니다. 사그라다 파밀리아 성당은 탄생, 수난, 부활, 영광의 파사드 네 면으로 이루어져 있는데요, 예수님의 탄생부터 부활까지 성경의 이야기가 생생한 조각으로 건축물에 새겨져 있습니다. 성당의 높이는 바르셀로나 몬주익 언덕의 높이보다 1미터 낮은 170미터로 설계되었는데요. 인간이 창조한 건축물이 신이 창조한 자연을 뛰어넘을 수 없다고 생각한 가우디의 모습에서 그의 종교적 신실함을 엿볼 수 있습니다. 구불구불한 곡선으로 이루어진 독특한 건축물들과 빛의 사용, 색채감 등은 자연에서 영감을 얻은 것입니다.

가우디는 자신이 살아 생전에 이 성당이 완공되지 못할 것을 직감하고 후대의 건축가들이 사그라다 파밀리아를 함께 완성해주기를 바라며 설계를 했다고 합니다. 1962년 마주 오는 전차를 피하지 못하고 세상을 떠난 가우디의 마지막은 쓸쓸했지만, 여전히 공사 중인 사그라다 파밀리아 성당은 가우디의 숨결과 현재의 건축가들의 땀이 더해져 더 이상 외롭지 않은, 현재 진행형입니다.

Te escribo una carta desde Corea.

나는 한국에서 너에게 편지를 써.

Vocabulario

limón
m. 레몬

melocotón
m. 복숭아

sandía
f. 수박

fresa
f. 딸기

plátano
m. 바나나

cereza
f. 체리

Expresión y gramática

1. 간접목적어 (~에게)

간접 목적어는 일반적으로 직접목적어 뒤에 오며 전치사 a와 함께 사용됩니다.

Él da una manzana a Laura.   그는 라우라에게 사과 하나를 준다.

2. 간접목적대명사

1) 한 번 언급된 간접 목적어를 다시 말할 때는 이를 반복하지 않고 목적대명사를 사용해줍니다.

	단수	복수
1인칭	me	nos
2인칭	te	os
3인칭	le	les

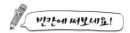 빈칸에 써보세요!

Doy un chocolate a Pablo. → **Le doy un chocolate.**

Leo un libro a mi hija. → .... **leo un libro.**

Enseño español a los estudiantes. → **Les enseño español.**

2) le와 les는 여러 의미를 가질 수 있으므로 의미를 명확하게 밝히기 위해 'a + 3인칭 명사'가 사용됩니다.

Le doy un libro a mi abuelo.   나의 할아버지에게 책을 한 권 드린다.

Le mando una carta a ella.   나는 그녀에게 편지를 한 통 보낸다.

Les traigo unos regalos a los estudiantes.   나는 학생들에게 선물을 가져온다.

Ellos me dan mucho dinero.   그들은 나에게 돈을 많이 준다.

3) 간접목적대명사는 일반적으로 동사 앞에 오지만 동사원형이나 현재 분사에 붙여 쓸 수 있습니다.

A : ¿Qué te van a regalar los amigos?   친구들이 너에게 무엇을 선물한대?

B : Van a regalarme un abrigo.   나에게 외투 하나 선물할 거야.

A : ¿Qué estás haciendo?   너 뭘 하고 있는 중이야?

B : Estoy escribiéndote una carta.   너에게 편지를 쓰고 있는 중이야.

3. 직접목적대명사와 간접목적대명사의 활용

1) 직접목적대명사와 간접목적대명사가 함께 쓰일 때는, 간접목적대명사 + 직접목적대명사의 순서로 사용합니다.

A : ¿Me puedes pasar la sal?   나에게 소금 좀 건네줄 수 있어?

B : Sí, te la paso.   응, 너에게 그것을 건네줄게.

A : ¿Me puedes prestar las novelas?   나에게 소설책을 빌려줄 수 있어?

B : Sí, puedo prestártelas.   응, 너에게 그것들을 빌려줄 수 있어.

> **Tip** 동사원형이나 현재분사 뒤에 목적대명사를 붙일 때는 강세에 주의해주세요!

2) 간접목적대명사와 직접목적대명사 모두 3인칭일 경우, 간접목적대명 le와 les를 se로 바꿔줍니다.

A : ¿Le das el regalo a Camila?   까밀라에게 선물을 주니?

B : Sí, se lo doy.   응, 그녀에게 그것을 줘.

A : ¿Les escribes las canciones a los cantantes?   가수들에게 곡들을 써주니?

B : Sí, se las escribo.   응, 그들에게 그것을 써줘.

Dictado

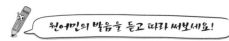

Pedro, ¿qué vas a hacer _____ **?**

삐드로야, 오늘 오후에 뭐할 거야?

Voy a ir al _____ **para comprar unos regalos.**

선물 좀 사려고 쇼핑센터에 갈 예정이야.

¿ _____ **vas a regalar?**

누구에게 선물하려고 하는데?

_____ **voy a regalar unos juguetes** _____

para celebrar el día de los Reyes Magos.

동방박사의 날을 기념하기 위해 조카들에게 장난감을 선물하려고 해.

¡Qué amable eres!

¿ _____ **un regalo también?**

너 진짜 친절하다! 나한테도 선물해줄 거야?

Bueno, voy a _____ **también.**

좋아, 너한테도 사줄게.

¡Ja, ja, ja! Es _____ **. ¿Qué tal si vamos juntos al cen-**
tro comercial? _____ **.**

하하하, 농담이야. 우리 쇼핑센터 같이 가는 게 어때? 너랑 같이 가고 싶어.

Pedro

¡Buena idea!

Entonces, yo te invito a un ....

좋은 생각이다! 그러면, 내가 너에게 초콜라테 꼰 추로스 살게.

Hyun

¡Qué dices! .... **yo.** .... **,**

¿cuándo vas a dar los regalos a tus sobrinos?

무슨 소리야! 내가 너한테 사줄게. 그건 그렇고, 조카들한테 선물 언제 줄 거야?

Pedro

.... **hoy es el 5 de enero,** .... **esta noche**

en su casa.

오늘이 1월 5일이니까, 오늘 밤에 조카들 집에서 주려고.

Lección 19. Te escribo una carta desde Corea. 237

Diálogo

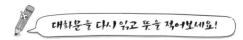

Hyun
Pedro, ¿qué vas a hacer esta tarde?

....

Pedro
Voy a ir al centro comercial para comprar unos regalos.

....

Hyun
¿A quién vas a regalar?

....

Pedro
Les voy a regalar unos juguetes a mis sobrinos para celebrar el día de los Reyes Magos.

....

Hyun
¡Qué amable eres!
¿Vas a comprarme un regalo también?

....

Pedro
Bueno, voy a comprártelo también.

....

Hyun
¡Ja, ja, ja! Es broma. ¿Qué tal si vamos juntos al centro comercial? Quiero acompañarte.

....

Pedro

¡Buena idea!

Entonces, yo te invito a un chocolate con churros.

Hyun

¡Qué dices! Te invito yo.

De todas formas, ¿cuándo vas a dar los regalos a tus sobrinos?

Pedro

Como hoy es el 5 de enero, se los doy esta noche en su casa.

 단어

centro comercial　m. 쇼핑센터
acompañar　v. 동행하다, 동반하다

¡Qué dices!　무슨 소리야, 말도 안 되는 소리(하지 마)!

Hablar

1

| 나는 할아버지께 책을 드린다. | **Le doy un libro a mi abuelo.** |

나는 그에게 선물을 준다.   **Le doy un** regalo **a** él.

나는 그들에게 커피를 사준다.   **Les invito un café a ellos.**

나는 너희들에게 꽃을 선물한다.   **Os regalo unas flores.**

2

| 너에게 그것을 사줄게. | **Voy a comprártelo.** |

너에게 그것들을 사줄게.   **Voy a comprárte**los**.**

당신에게 그것들을 사줄게요.   **Voy a comprár**selos**.**

너희들에게 그것들을 사줄게.   **Voy a comprár**oslos**.**

3

| 나는 그녀에게 그것을 준다. | **Se lo doy a ella.** |

나는 그들에게 그것들을 준다.   **Se** los **doy a** ellos**.**

나는 너에게 그것을 선물한다.   **Te los regalo.**

너는 나에게 그것들을 사준다.   **Me los compras.**

Autorreflexión

🎧 **1. 녹음을 듣고 Sofía가 할머니에게 사갈 과일을 모두 고르세요.**

①   ②   ③   ④

⑤   ⑥   ⑦   ⑧

2. 빈칸에 알맞은 목적대명사를 써서 대화를 완성해보세요.

1) A : ¿Le escribes una carta a ella?

   B : Sí, ... escribo.

2) A : ¿Cuándo me prestas el DVD?

   B : .... presto mañana.

3) A : ¿Les regalas unos chocolates?

   B : No, no .... regalo.

4) A : ¿Qué les vas a regalar a tus padres?

   B : Voy a regalar .... una cena especial.

3. 보기와 같이 문장을 바꿔보세요.

<보기> **Yo te doy una tarta de queso. → Te la doy.**

1) **La profesora nos explica la lección. →** ....

2) **Yo le recomiendo ese teatro. →** ....

3) **Mi hermano le lee a su hija la novela. →** ....

4) **Nosotros os damos estos regalos. →** ....

4. 밑줄 친 부분과 동사의 의미가 같은 것을 골라보세요.

Quedamos a las siete en la Plaza Mayor.

① **Me quedа un poco grande.**

② **Ya quedan sólo 10 minutos.**

③ **Ana va a quedar con sus amigos.**

④ **No queda nada de comer en la nevera.**

⑤ **Nos quedamos en Barcelona durante un mes.**

⊘ 정답

1. ①, ③
(듣기 : Hola, soy Sofía. Hoy es el cumpleaños de mi abuela. Voy a visitar su casa para dar una fiesta. Antes de ir a su casa, voy a comprar fruta. A mi abuela le encantan la naranja, la manzana y la sandía. Como mi tía va a traer unas naranjas, voy a comprarle unas manzanas y una sandía. También le voy comprar unas cerezas a mi abuelo.)

2. 1) se, la   2) Te, lo   3) se, los   4) les

3. 1) Ella nos la explica.   2) Yo se lo recomiendo.
3) Él se la lee.   4) Nosotros os los damos.

4. ③

스페인어권의 화가들

① 프리다 칼로(Frida Kahlo)

멕시코의 대표적인 여성 화가로 어릴 적 소아마비와 잇따른 교통사고로 인한 평생의 육체적 고통 뿐 아니라 남편과의 불화와 유산으로 인한 정신적 고통에도 시달려야 했습니다. 멕시코의 토속적 화풍을 바탕으로 이러한 고통을 예술로 승화시킨 그녀의 대표작으로는 〈가시목걸이를 한 자화상〉, 〈두 명의 프리다〉 등이 있습니다.

② 디에고 리베라(Diego Rivera)

프리다 칼로의 남편이자 멕시코의 대표적인 벽화 화가 중 한 명으로 멕시코의 신화, 역사, 사회문제 등을 주요 소재로 삼아 모든 계층의 사람들이 쉽게 그림을 접하고 이해할 수 있도록 했습니다.

③ 디에고 벨라스케스(Diego Velázquez)

스페인 예술의 황금기를 이끈 17세기 대표 화가로, 펠리페 4세 때 궁정화가를 지냈고 대표작으로는 〈시녀들〉, 〈브레다의 항복〉이 있습니다. 〈시녀들〉은 보는 관점에 따라 작품에서 보이는 중심 인물이 달라지는 복잡한 작품으로, 미술사에서 가장 많이 연구된 그림이라고 해도 과언이 아닙니다.

④ 파블로 피카소(Pablo Picasso)

스페인 말라가 출신 화가로 큐비즘을 창시한 인물입니다. 대표작으로는 〈아비뇽의 처녀들〉, 〈게르니카〉가 있습니다. 게르니카는 1937년 4월 26일 스페인 바스크 지방의 작은 마을인 게르니카에 독일군이 가한 폭격 사건을 그린 작품으로, 전쟁과 파시즘에 대해 반대하는 화가의 마음이 담겨 있습니다.

¿Qué está haciendo usted?

당신은 무엇을 하고 있는 중인가요?

Vocabulario

(teléfono) móvil

m. 휴대전화

(ordenador) portátil

m. 노트북

teclado

m. 자판

batería

m. 배터리

impresora

f. 인쇄기

fotocopiador

m. 복사기

Expresión y gramática

1. 현재진행형 (estar 동사의 현재형 + 현재분사)

estar 동사의 현재진행형과 동사의 현재분사형을 더하여 '~하는 중이다'의 의미를 나타내는 현재진행형을 만듭니다. 현재분사를 만들 때는 각각의 동사원형에서 어미를 떼고 '-ar 동사'는 -ando, -er/-ir 동사는 '-iendo'를 붙여줍니다.

> 빈칸에 알맞은 동사형을 채워보세요!

estar	

+

현재분사		
-ar 동사	esperar	esperando
-er 동사	comer	comiendo
-ir 동사	vivir	viviendo

동사의 어간에 -ando, -iendo

A : ¿Qué estás haciendo? 　　　　　너 뭘 하고 있는 중이야?

B : Estoy esperando a mis padres. 　　나는 부모님을 기다리고 있는 중이야.

A : ¿Estáis viendo una película? 　　　너희들 영화 보고 있는 중이야?

B : No, estamos viendo el video de nuestra boda. 　아니, 우리 결혼식 비디오를 보고 있어.

2. 현재분사의 불규칙형

leer	leyendo
oír	oyendo
traer	trayendo
pedir	pidiendo
servir	sirviendo
decir	diciendo
venir	viniendo
dormir	durmiendo

A : ¿Está durmiendo tu hermana?

너희 언니 자고 있는 중이야?

B : No, está leyendo una novela.

아니, 소설책을 읽고 있는 중이야.

A : ¿Qué estás diciendo?

뭐라고 말하는 거야?

B : Que está viniendo Marta aquí.

마르타가 여기로 오고 있다고.

3. 전치사 a, de, en

1) a

① 목적지/목적

Voy a la casa de mi abuela.　　　　　　　　　나는 할머니 댁에 갑니다.

Ella sale a comprar pan.　　　　　　　　　　그녀는 빵을 사기 위해 나갑니다.

② 목적어가 사람인 경우

Conozco a la hermana de Marga.　　　　　　나는 마르가의 동생을 압니다.

③ 시간 표현

El tren llega a las tres en punto.　　　　　　기차는 3시 정각에 도착합니다.

2) de

① 국적

Nosotros somos de Corea.

우리는 한국 출신입니다.

② 소유

El cuaderno es de Lucía.

공책은 루시아의 것입니다.

③ 재료

La corbata es de seda.

넥타이는 실크로 만들어졌습니다.

④ 이유, 원인

Me muero de calor. 나는 더워 죽겠어.

Encantado de conocerte. 너를 만나서 반가워.

3) en

① 공간

Los niños están en la piscina.　　　　　　　아이들은 수영장에 있습니다.

② 월, 계절, 해(年)를 나타낼 때

En invierno nieva mucho.　　　　　　　　　겨울에 눈이 많이 옵니다.

El festival de cine empieza en mayo.　　　영화제는 5월에 시작합니다.

③ 교통수단

Me gusta viajar en tren.　　　　　　　　　나는 기차를 타고 여행하는 것을 좋아해요.

Dictado

원어민의 발음을 듣고 따라 써보세요!

Pedro
....

여보세요.

Hyun
Hola, Pedro. Soy Hyun. ¿.....................................**?**

삐드로, 안녕. 나 현이야. 지금 뭐하고 있어?

Pedro
.....................................**.**

나 아직 일하는 중이야.

Hyun
¿De verdad?

정말?

Pedro
Sí, estoy en la .... **. ¿Por qué?**

응, 나 사무실에 있어. 왜 그러는데?

Hyun
Es que te llamo .... **si vas a cenar hoy en casa.**

사실 너 오늘 집에서 저녁 먹을 건지 물어보려고 전화했어.

Pedro
Creo que no puedo cenar en casa.
Tengo mucho .... **.**
Estoy escribiendo .... **. ¿Y tú? ¿Dónde estás?**

오늘 집에서 저녁 못 먹을 것 같아. 나 할 일이 많거든. 보고서 쓰고 있는 중이야. 넌? 어디야?

Estoy en el piso. .... **bulgogi.**

나는 아파트에 있지. 불고기를 만들고 있는 중이야.

¡Oh! Mi comida .... **de Corea.**

오, 내가 제일 좋아하는 한국 음식이다.

Marga también .... **paella.**

마르가도 빠에야 준비하고 있는 중인데.

¡Ojalá que pueda volver a casa pronto!

곧 집에 돌아갈 수 있기를!

Diálogo

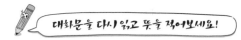대화문을 다시 읽고 뜻을 적어보세요!

Pedro

Dígame.

....

Hyun

Hola, Pedro. Soy Hyun. ¿Qué estás haciendo?

....

Pedro

Estoy trabajando todavía.

....

Hyun

¿De verdad?

....

Pedro

Sí, estoy en la oficina. ¿Por qué?

....

Hyun

Es que te llamo para preguntar si vas a cenar hoy en casa.

....

Pedro

Creo que no puedo cenar en casa.
Tengo mucho trabajo que hacer.
Estoy escribiendo un informe. ¿Y tú? ¿Dónde estás?

....

Hyun Estoy en el piso. Estoy cocinando bulgogi.

 Pedro ¡Oh! Mi comida favorita de Corea.

 Hyun Marga también está preparando paella.

 Pedro ¡Ojalá que pueda volver a casa pronto!

 단어

informe m. 보고서
ojalá (기원문) 부디 ~이기를!

pueda poder의 접속법 현재 1, 3인칭 단수형

Hablar

1

우리는 영화를 한 편 보고 있는 중이야. **Estamos viendo una película.**

우리는 TV를 보고 있는 중이야. **Estamos viendo** la televisión.

그들은 집으로 오고 있는 중이야. **Ellos están viniendo a casa.**

너희들은 책을 읽고 있는 중이야. **Estáis leyendo los libros.**

2

나 해야 할 일이 매우 많아. **Tengo mucho trabajo que hacer.**

나 해야 할 숙제가 매우 많아. **Tengo** mucha tarea **que hacer.**

나 할 말이 매우 많아. **Tengo** muchas cosas **que** hablar.

나 공부할 것이 매우 많아. **Tengo** muchas cosas **que** estudiar.

3

너 지금 뭘 하는 중이야? **¿Qué estás haciendo ahora?**

당신은 뭘 하는 중인가요? **¿Qué** está **haciendo** Ud. **ahora?**

당신들은 뭘 하는 중인가요? **¿Qué** están **haciendo** Uds. **ahora?**

너희들은 뭘 하는 중이야? **¿Qué** estáis **haciendo ahora?**

Autorreflexión

1. 주어진 단어들을 사용하여 현재진행형 문장으로 만들어보세요.

   1) Mi madre / escribir / una carta

      → ....

   2) Yo / ducharse

      → ....

   3) El profesor / venir / a la clase

      → ....

   4) La camarera / servir / las bebidas

      → ....

2. a, de, en 중 알맞은 전치사를 골라 문장을 완성해보세요.

   1) La mesa es .... madera.

   2) Los estudiantes van a la escuela .... autobús.

   3) Voy .... la playa .... tomar el sol.

   4) El bolso .... Nieves es .... piel.

   5) ¿............ qué hora nos vemos?

   6) Te presento .... mi amigo Felipe.

3. 녹음을 듣고 그림에 해당하는 인물의 이름을 적어보세요.

1)

....

2)

....

3)

....

4)

....

 정답

1. 1) Mi madre está escribiendo una carta.
   2) Estoy duchándome. (= Me estoy duchando.)
   3) El profesor está viniendo a la clase.
   4) La camarera está sirviendo las bebidas.
2. 1) de   2) en   3) a, a   4) de, de   5) a   6) a
3. 1) Victoria   2) María   3) Juan   4) José

(듣기 : En la clase, hay 4 estudiantes. María, la chi-ca más guapa, está mirándose en el espejo. Al lado de ella, está José. Él está sacando fotos con su cámara. Detrás de José, Juan está estudiando matemáticas. Junto a él, está Victoria. Ella está durmiendo.)

치카노(chicano)

치카노는 주로 미국의 남동부에 거주하고 있는 멕시코계 사람들을 말합니다. 처음에 이 용어는 예전에 멕시코에 속해 있었던 미국령인 텍사스, 캘리포니아 등에 거주하던 멕시코 사람들만을 가리켰습니다. 그러나 시간이 흐르면서 지금은 미국에 거주하는 모든 멕시코 사람들을 부르는 말로 의미가 확장되었습니다.

일반적으로 치카노들은 스스로를 미국 사회의 중요한 일부라고 인식하면서 자신들의 멕시코적 뿌리도 자랑스럽게 여깁니다. 치카노들은 스페인어를 사용하지만, 거주하고 있는 지리적 특성상 영어의 영향이 두드러진 스페인어를 사용하는데요. 이를 Spanish(스페인어)+English(영어)의 합성어인 스팽글리시(Spanglish)라고 부릅니다.

영어	스팽글리시	스페인어
to check	chequear	verificar
to click	cliquear	pinchar
cracker	la craca	la galleta
truck	la troca	el camión

치카노들은 미국 사회의 다양한 영역에서 영향력을 보여주고 있는데요. 그 음악 부문에서는 큰 인기를 얻은 치카노 음악가들로 셀레나(Selena), 제니퍼 로페즈(Jennifer Lopez), 크리스티나 아길레라(Christina Aguilera), 마크 앤써니(Mark Anthony), 리키 마틴(Ricky Martin) 등이 있습니다.